Peter M. Endres, Gerald Hüther
Lernlust.

Peter M. Endres
Gerald Hüther

LERNLUST.

Worauf es
im Leben wirklich
ankommt

MURMANN

LERNLVWP9NqtYx

Jetzt mit dem eingedruckten Code das kostenlose E-Book von *Lernlust* downloaden:
www.murmann-verlag.de/ebookinside.

Dieses Buch wurde klimaneutral produziert:

Bibliografische Information der Deutschen Nationalbibliothek
Die Deutsche Nationalbibliothek verzeichnet diese Publikation in der deutschen
Nationalbibliografie; detaillierte bibliografische Daten sind im Internet über
http://dnb.d-nb.de abrufbar.

ISBN 978-3-86774-290-0
Herstellung und Gestaltung: Presse- und Verlagsservice, Erding
Gesetzt aus der Minion und Avenir
Druck und Bindung: Freiburger Graphische Betriebe, Freiburg
Printed in Germany

Besuchen Sie uns im Internet: www.murmann-verlag.de
Ihre Meinung zu diesem Buch interessiert uns!
Zuschriften bitte an **info@murmann-verlag.de**
Den Newsletter des Murmann Verlages können Sie anfordern unter
newsletter@murmann-verlag.de

Inhalt

Ein persönliches Vorwort
von Peter M. Endres

Wenn dieses Buch erscheint, werde ich mein Unternehmen, die ERGO Direkt, verlassen haben. Ein guter Zeitpunkt, um richtig frei von der Leber sprechen zu können. Stellt sich die Frage: Was bleibt? Eine Frage, die sich fast jeder am Ende eines langen Berufswegs stellt. Ich frage mich indes: Was kommt? Denn ich habe in meinem Leben Erfahrungen gemacht, die ich nicht für mich behalten will und kann. Warum? Ich sehe viele junge Menschen am Anfang ihrer Karriere, die sich fragen, wie sie mit Druck und Belastung fertigwerden, wie sie überhaupt einen Beruf finden sollen, der ihnen Spaß macht. Die oft verzweifelt sind, weil sie so bleiben wollen, wie sie sind, und das Gefühl haben, anders werden zu müssen. Ich will ihnen Mut machen – denn mir ging es nicht anders. Erfahrungen, auch schmerzhafte, muss jeder machen.

Der Blick zurück auf meinen Berufsanfang zeigt einen klassischen Fehlstart: in einem Unternehmen mit einem tollen Ruf, aber mit den falschen Aufgaben. Danach der Versuch, in der Selbständigkeit das Glück zu finden. Mit der Folge, dass ich beinahe alles verloren hätte. Dann kam die Wende: 1990 habe ich in einem Unternehmen angefangen, das mir die besten und ungewöhnlichsten Erfahrungen schenken sollte – und damit meine Haltung und mein Leben verändern sollte. Es waren die Quelle Versicherungen, die damals mit rund 30 Mitarbeitern in Fürth fast noch nicht als richtiges Unternehmen bezeichnet werden konnten. Nicht selten mussten zu dieser Zeit alle Mitarbeiter ran, um morgens die Postkörbe zu sortieren – egal ob Chef oder Azubi.

Heute arbeiten fast 2000 Kollegen bei ERGO Direkt. Natürlich braucht es einen besonderen Chef, um ein Unternehmen aufzubauen – aber immer auch besondere Mitarbeiter, die erst durch ihre Höchstleistungen eine solche Erfolgsgeschichte ermöglichen. Das gilt insbesondere für eine Branche, die vielen als langweilig, konservativ und wenig wandlungswillig und -fähig erscheint. Dieses Unternehmen war und ist geprägt von einem besonderen Geist aus Spaß, harter Arbeit, gegenseitiger Wertschätzung, offener Kommunikation auf Augenhöhe und einigem mehr. Jeder, der diese Firma besucht hat, kann das spüren. Selbst die Kunden, die zumindest räumlich von uns getrennt waren, haben das gespürt. Immer wieder haben sie sich zu einem ungewöhnlich hohen Anteil von unserer Leistung begeistern lassen.

Diese Erfahrungen gingen mir oft genug unter die Haut. Viele Menschen durfte ich einstellen, begleiten und entwickeln. Sie haben mich geprägt. Und sie haben auch in meinem Gehirn etwas angestellt: Sie haben neue Verknüpfungen entstehen lassen – wie mir Gerald Hüther in einem unserer Gespräche erklärt hat. Neue Verknüpfungen, die mich immer wieder dazu gebracht haben, Verrücktes zu wagen. Verrückt im Wortsinn – aus der Ordnung gerückt und ungewöhnlich für eine Versicherung. Den Mut dazu konnte ich aufbringen, weil ich wusste, dass ich Unterstützung erfahre – von Kollegen, Mitarbeitern und natürlich auch von jenen, vor denen ich meine Entscheidungen rechtfertigen musste.

Das Ergebnis ist handfestes Managementwissen, das über die Jahre immer wieder allen Prüfungen standhielt. Und eine Vision, wie die Arbeitswelt nachhaltig verbessert werden könnte. In meinen Gesprächen mit Gerald Hüther ist mir klar geworden, wie eng diese Ideen mit seinen Vorstellungen von einer besseren schulischen Welt verknüpft sind. Weil wir beide aus vollkommen unterschiedlichen Erfahrungswelten kommen, haben uns diese Parallelen von Anfang an fasziniert – und schließlich dazu beigetragen, dass wir uns in einem Dialog den für uns wichtigsten Lebensthemen annähern wollten.

Wenn ich von Veränderung der Arbeitswelt spreche, dann bin ich der festen Überzeugung, dass jeder Einzelne die Chance hat, sein (Arbeits-)Umfeld zu verändern. Mitarbeiter wissen es meist nicht, aber ihre Macht ist groß. Manager sind auf Mitarbeiter angewiesen.

Ich habe erlebt, welche Kreativität, welchen Spaß an der Arbeit, welche Erfüllung Menschen erleben können, wenn sie ihre eigenen Ideen umsetzen können. Ich bin kein Träumer, ich weiß, dass es Aufgaben gibt, in denen die Spielräume für eine eigene Entfaltung klein sind. Aber es gibt keine Aufgabe, die nicht zumindest diesen kleinen Raum lässt. Für die Vorgesetzten ist es nicht immer leicht, diese Freiheiten zu entdecken, zu fördern und zu gewähren. Für viele Chefs ist das auch mit Angst verbunden. Angst davor, die Kontrolle zu verlieren. Angst davor, dass der Mitarbeiter »macht, was er will«. Angst davor, von Mitarbeitern fremdgesteuert zu werden – und an Einfluss zu verlieren. Deshalb werden in vielen Unternehmen solche Ansätze nicht nur nicht gefördert, sondern unterdrückt. Mich haben solche Mitarbeiter eines gelehrt: Sie sind Erfolgsgaranten. Denn sie sind motiviert. Bonuszahlungen freuen sie, treiben sie aber nicht an. Vielmehr sind es die Ideen, die sie einbringen können. Und deren Umsetzung ihnen gemeinsam mit anderen ähnlich hingebungsvollen Verrückten ein Höchstmaß an Befriedigung verleiht.

Mitarbeiter sollen tun können, was sie wollen. Schüler sollen lernen können, was sie wollen. Und beide sollen werden, was sie können. Das ist eine Chance, und ich werde sie – beginnend mit diesem Buch – unterstützen, wo und wann immer es möglich ist.

Bevor es losgeht

Zunächst die guten Nachrichten: Für Google sind bei der Einstellung eines Bewerbers Zensuren nicht mehr entscheidend. Sie hätten keine Aussagekraft über das kreative Potenzial. Auch die Deutsche Bahn will Auszubildende künftig nicht mehr anhand von Schulnoten auswählen. Der Konzern hat diesbezüglich einen Onlinetest für Schulabgänger eingeführt. Selbst die Agentur für Arbeit will mehr Akzeptanz für »Menschen mit nicht-geraden Lebensläufen« erreichen. Es ist nicht mehr von der Hand zu weisen: In nahezu allen Umfragen unter Arbeitgebern rückt die Bedeutung der Schulnoten immer stärker in den Hintergrund; einer aktuellen Befragung zufolge rangieren sie auf Platz neun der zehn wichtigsten Kriterien – auf den ersten Plätzen liegen Persönlichkeit, Kommunikationsfähigkeit und praktische Erfahrung. Und die private Zeppelin Universität in Friedrichshafen vergibt neuerdings ein »Anti-Streber-Stipendium«. Sie sucht »Bewerber ohne lückenlose Lebensläufe«, denn »auch das Scheitern und Wiederaufstehen ist eine Kompetenz«, so Vizepräsident Tim Göbel.

Das Umdenken hat begonnen – ein Umdenken, das in der Wirtschaft schon weiter vorangekommen ist als in den Bildungseinrichtungen selbst. Es ist keine Frage mehr, dass dieses Umdenken unser gegenwärtiges Bildungssystem in seinem Selbstverständnis bis in die Grundmauern erschüttern wird.

Der wachsende Unmut über ungeeignete Zeugnisse und Abschlüsse ist jedoch nur eine Facette – der Wandel reicht viel tiefer. Er vollzieht sich auf mehreren Ebenen gleichzeitig. Beispiel Inklusion: Laut Gesetz sollen künftig alle Schüler gemeinsam lernen, und zwar gemeinsam mit all jenen, die bisher als sogenannte Lern- oder sonst wie Behinderte aussortiert und in spezielle Sonder- oder Förderschulen abgeschoben werden. Damit wird eine neue Dynamik in allen Unterrichtsformen Einzug halten. Denn bislang galt, dass alle Schüler einer Klasse zwar mehr oder weniger begabt seien, aber doch irgendwie auf die gleiche Weise unterrichtbar.

Was Folgen hat. Zum Beispiel wird der Frontalunterricht in diesen heterogenen Gruppen nicht mehr funktionieren – geschweige denn Leistungskontrollen, die allen dasselbe abverlangen. Die Konsequenz: Unsere Schulen werden nicht so bleiben, wie sie es noch im letzten Jahrhundert waren.

Denn die Lebenswelt, in die Schülerinnen und Schüler heute hineinwachsen, ist eine völlig andere als zu jener Zeit, in der die heutigen Bildungseinrichtungen entstanden sind. Wissen zu besitzen, ist heute kein Privileg mehr – es ist längst bis ins kleinste Detail im Internet abrufbar.

Heute kommt es mehr darauf an, was man kann –
und nicht mehr so sehr auf das, was man weiß.

Was wir damit meinen? Nun, selbst wenn man beispielsweise genau weiß, wie ein Zaubertrick funktioniert, kann oder beherrscht man ihn noch lange nicht. Wenn ich ihn indes perfekt kann, bin ich auch in der Lage, einem anderen zu erklären, wie die genauen Abläufe sind.

Viel stärker als im letzten Jahrhundert geht es heute darum, das eigene Leben in die Hand zu nehmen, seine eigenen Lernprozesse selbst zu gestalten und organisieren zu können. Dazu kann man Menschen nur einladen, ermutigen und inspirieren. Entscheidend ist, dass jeder Einzelne positive Erfahrungen machen kann. Erfahrungen, die die eigene Entdeckerfreude und Gestaltungslust wecken, die es ermöglichen, die angelegten Talente und Begabungen zu entdecken und zu entfalten. Alle Menschen brauchen Erfahrungen, die sie anregen, mit anderen zusammenzuarbeiten und gemeinsam nach Lösungen für die vielfältigen Herausforderungen zu suchen, die das Leben für sie bereithält.

Der Blick in heutige Bildungseinrichtungen zeigt noch eine andere Realität: Denn genau das, worauf es im Leben, in der Familie, in der Kommune oder im Beruf ankommt, spielt dort keine entscheidende Rolle. Was zählt, sind gute Noten fürs Pauken in möglichst kurzer Zeit. Schüler von heute werden sich kaum in der Welt von morgen zurechtfinden, wenn sie nichts weiter als Notengier gelernt haben. Gänzlich abgehängt werden dabei jene, die diesen Leistungs- und Auswahlkriterien nicht gerecht werden können oder wollen. Vielleicht, weil sie ungünstige Voraussetzungen mitbringen oder weil ihnen die Lust am Lernen verloren gegangen ist. Oder weil das, was in der Schule verlangt wird, in ihnen Widerstände auslöst. Oder es ihnen angesichts persönlicher und familiärer Probleme egal ist.

Das eherne Motto »Nicht für die Schule, sondern fürs Leben lernen wir« ist aus den Fugen geraten. Das Gegenteil ist die Regel geworden – es wird nur noch für die Schule gelernt. Inzwischen ist kaum noch jemand mit diesen Zuständen zufrieden: am wenigsten die Schüler, die sich irgendwie durch diese Zeit kämpfen. Die meisten Eltern sowieso, denn vielerorts bestimmt die Sorge um gute Abschlüsse das gesamte Familienleben. Und die für Nachhilfestunden aufzubringenden Mittel werden für nicht wenige Eltern zu einer schwer erträglichen finanziellen Sonderbelastung.

Lehrer wiederum fühlen sich in ihrem Handlungsspielraum eingeschränkt und aufgerieben zwischen immer neuen kultusministeriellen Vorgaben und immer vehementer vertretenen elterlichen Erwartungen. Kein Wunder, dass diese Zwangsjacke inzwischen für nicht wenige Lehrer zu einem ernsthaften Gesundheitsrisiko geworden ist.

Unser Bildungssystem steckt in einer tiefen Krise. Es ist eine Situation entstanden, mit der alle Beteiligten unzufrieden sind. Wenn aber niemand mehr einen Vorteil in dieser Struktur sieht, ist die Frage mehr als berechtigt, warum sie nicht verändert wird? Die Antwort kann nur lauten: Selbstorganisation heißt das Entwicklungsprinzip, das zwangsläufig dazu führt, dass sich auch unser Bildungssystem an die neuen Gegebenheiten anpassen wird.

An vielen Schulen hat der Wandel bereits begonnen, es gibt zahlreiche Initiativen, die sich mit der Situation nicht abfinden wollen. Auch wenn diese Veränderungen nicht überall sichtbar sind, so sind ihre Wirkungen mittlerweile vielerorts spürbar.

Diesen Schwung wollen wir mitnehmen. Jetzt, wo unser Bildungssystem zu wanken beginnt, brauchen wir einen öffentlichen Diskurs darüber, wie es mit und in unseren Schulen, aber auch im Kontext lebenslangen Lernens weitergehen soll. Zu diesem Diskurs wollen wir mit diesem Buch einladen: alle, denen die Zukunft der Kinder und Jugendlichen und damit auch die Zukunft unseres Landes am Herzen liegen. Sowie alle, die sich um die Zukunft der Arbeitswelt und der Unternehmen Gedanken machen.

Und weil beides sehr eng miteinander verknüpft ist, schreiben wir dieses Buch gemeinsam und bringen dabei unsere unterschiedlichen Perspektiven als Neurobiologe und als Unternehmenschef ein. Bewusst haben wir diesbezüglich die Form eines Dialogs gewählt. Er soll zeigen, dass es nicht den einen richtigen Weg gibt, aber ein gemeinsames Ziel, das bei allen diesen unterschiedlichen Ansätzen nicht aus dem Auge verloren werden darf: die Entfaltung der in jedem Schüler und Erwachsenen angelegten Talente und Begabungen.

Wir empfinden es als Glücksfall, dass wir beide keine Bildungs- und Schulexperten im klassischen Sinn sind – denn so bleibt der Blick frei für das, was möglich wäre. Wir hatten aber beide genug Zeit und Gelegenheiten, Erfahrungen genau dort zu sammeln, wo sich das Leben abspielt: nicht (nur) in der Schule, sondern draußen im Leben. Und dabei vor allem im Zusammenleben mit anderen Menschen: der eine als Führungspersönlichkeit eines jungen, erfolgreichen Unternehmens, der andere als Hochschullehrer und Wissenschaftler an einer alten, traditionsreichen Universität.

Ein Dialog entsteht immer dann, wenn sich zwei Menschen begegnen, um gemeinsam nach einer Lösung für ein Problem zu suchen. Je komplexer das Problem ist, desto besser ist es, wenn die Dialogpartner möglichst unterschiedliche Erfahrungen gesammelt haben und in das Gespräch einbringen können.

Deshalb haben wir diese ungewöhnliche Konstellation eines Hirnforschers mit einem Unternehmenschef gewählt. Denn uns, Gerald Hüther, Hochschullehrer und Neurowissenschaftler aus Göttingen, und Peter M. Endres, Unternehmer und bis 2013 Vorstandsvorsitzender der ERGO Direkt Versicherungen, eint vor allem eins: die Suche nach besseren Lösungen. Uns interessiert weniger das, was schon recht gut funktioniert, sondern vor allem das, was noch alles möglich wäre.

Der eine von uns, der Wissenschaftler Hüther, hat im Laufe seines Lebens, das zum Teil dramatische Wendungen genommen hat, erfahren dürfen, welche Energie Menschen freisetzen, die aus einer festen inneren Überzeugung heraus Themen angehen. Von Kindesbeinen an wollte er hinter die Kulissen schauen, verstehen, warum sich etwas und wie es sich entwickelt hat. Mit einem banalen »Weil es so ist« hat er sich nie zufriedengegeben. Die Neugier hat ihn vorangetrieben. Und gegen jeden gut gemeinten Rat – und wahrscheinlich auch gegen jede Vernunft – hat er schließlich auch dem universitären Forschungsbetrieb mit dem Gerangel um Impact-Faktoren und die nächsten Sprossen auf der Karriereleiter den Rücken gekehrt. Zu technologiegetrieben war ihm dieses Leben, ohne echtes Interesse an dem, was die Menschen wirklich bewegt und ihnen hilft, ihr Leben zu meistern. Geworden ist er trotzdem einer der bekanntesten Neurowissenschaftler in Deutschland, mit Leib und Seele.

Gutes besser machen ist auch der Antrieb des anderen, des Unternehmenslenkers Endres. Mit 27 Jahren hat er zum ersten Mal sein Talent getestet, ein Unternehmen zu führen. Damals hatte er einen Zigarrenversand gegründet und war »grandios gescheitert«, wie er heute freimütig eingesteht. Im Laufe seiner weiteren Laufbahn hat er nicht wenige Projekte gestartet, denen in aller Regel keine große Chance auf dem Markt eingeräumt wurde – und doch hat er damit nicht nur die Versicherungsbranche durcheinandergewirbelt, sondern das Unternehmen zu einem der erfolgreichsten Direktversicherer in Deutschland gemacht.

Uns eint Albert Schweitzers Ehrfurcht vor dem Leben und Albert Einsteins Lust am Selbstdenken. Hüther hat am Anfang seiner Karriere das menschliche Gehirn in Scheiben geschnitten, um dem Geheimnis seiner Arbeitsweise auf die Spur zu kommen. Endres hat im Selbstversuch immer wieder nach dem richtigen Weg gesucht, um Menschen für das zu begeistern, was in ihnen steckt.

Der Weg zum Thema Bildung lag übrigens nahe – wobei der deutsche Begriff die Spannbreite nicht einmal ansatzweise ver-

deutlicht, die uns bewegt. Besser geeignet ist der englische Begriff
»education«, also nicht Bildung über Ausbildung, Schulung und
Training, sondern das Einladen, Ermutigen und Inspirieren, sich
selbst zu bilden. Es geht uns bei diesem Thema vor allem um eines:
um die Entfaltung der in jedem Menschen angelegten Talente und
Begabungen. In seiner alltäglichen Umgebung hat Hüther sehr
schnell festgestellt, dass die universitären Strukturen nicht unbedingt geeignet sind, schlummernde Talente oder Begabungen von
Studenten zutage zu fördern. Zu stark ist der akademische Betrieb
darauf ausgerichtet, in kurzer Zeit möglichst viele Studenten mit
möglichst viel Wissen vollzustopfen. Teamarbeit wird unter diesen
Bedingungen kaum gefördert, Abschlussarbeiten von Gruppen
gibt es so gut wie nie. Hierarchische Strukturen behindern die
Entwicklung von Innovationen.

Endres stellte in seinem Alltag wiederum fest, dass es in Unternehmen nicht einfach ist, Regeln für das Verhalten aufzustellen
und gleichzeitig Freiräume zu gewähren, in denen die Mitarbeiter
eigene Ideen entwickeln können, die wiederum das Unternehmen
voranbringen. Der ökonomische Druck, dass jedes Projekt einen
Deckungsbeitrag erwirtschaften muss, erschwert es außerdem, die
Augen auf diejenigen zu richten, die noch nicht nach ihren Fähigkeiten eingesetzt werden.

Wir sind davon überzeugt, dass Potenzialentfaltung einzelner
Personen wie auch ganzer Teams in ihrem jeweiligen Umfeld zwar
machbar ist, ein stärkerer Hebel jedoch im Bildungssystem liegt.
Dort werden die Grundlagen gelegt, wie und wofür sich Menschen später im Leben auf den Weg machen. Dazu braucht es Freiräume, es braucht Teamwork und Unterstützung bei der Suche
nach dem, was möglich ist, es braucht Jugendliche, die wissen, was
sie können, die Freude an dem haben, womit sie sich beschäftigen.
Solche Heranwachsende werden schließlich besser wissen, welche
Ausbildung oder welches Studium sie wählen. Sie werden an der
Universität und in Unternehmen nicht als Einzelkämpfer tätig sein,

sondern in Teams Lösungen für Probleme finden, die heute noch als unlösbar gelten. Sie werden sich mit Leidenschaft um die Themen kümmern, denen sie sich verbunden fühlen.

Gemeinsam mit anderen werden sie nach Orten und Gelegenheiten suchen, in denen sie nicht nur kreativ sein, sondern auch ihre Ideen umsetzen dürfen. Es wird dabei zwar viele kleine Fehler geben, die sich die Teams gegenseitig nicht nur verzeihen, sondern die sie feiern werden. Denn sie bringen die Gemeinschaft voran – und alle machen am Ende des Tages die Erfahrung, dass sie Teil dieser Gemeinschaft sind und mit ihrem Beitrag den Erfolg des gemeinsamen Vorhabens garantieren.

Wir teilen eine gemeinsame Vision: Jene, die bereits in ihrer Schulzeit und auch danach so unterwegs waren, werden am Ende ihrer Berufslaufbahn ein erfülltes Leben führen und weiter ihren Leidenschaften nachgehen, die sie schon in den vergangenen 20 Jahren in den Bann gezogen haben. Unternehmen werden auf solche Mitarbeiter nicht verzichten wollen – genauso wenig, wie solche Mitarbeiter auf erfüllende Aufgaben verzichten. Vielleicht geben diese Rentner ihr Können an die nächste und übernächste Generation weiter, weil sie wissen – und in ihrem Leben erfahren durften –, dass nur generationenübergreifendes Lernen wirkliche Weiterentwicklung ermöglicht.

Klingt abenteuerlich? Ja, es wird ein großes Abenteuer, solche Ideen in die Tat umzusetzen. Aber längst gibt es gute Beispiele, die zeigen, wie sich unser Bildungssystem in diese Richtung entwickeln lässt. Eine Vielzahl an Initiativen arbeitet in Deutschland daran, dass Kinder ihre Potenziale entfalten können.

Dafür wurde die digitale Plattform bildungsstifter.de gegründet. Sie will Schulen unterstützen, die sich schon auf den Weg zu einer Transformation ihrer Lern- und Beziehungskultur gemacht haben.

Für uns ist das Engagement für ein neues Bildungsverständnis eine Konsequenz aus dem, was wir in unserem jeweiligen Leben erfahren haben – an Positivem und Negativem. Wir erzählen davon und machen deutlich, wie sehr bestimmte Einstellungen durch Erfahrungen geprägt werden. Wie wichtig es ist, dass nicht schon in frühester Kindheit gemachte ungünstige Erfahrungen dazu führen, dass Menschen Haltungen entwickeln, die sie an der Entfaltung ihrer Talente und Begabungen hindern. Wie wichtig es ist, dass allen Schülern in der Schule Gelegenheit geboten wird, ihre Stärken und wahren Bedürfnisse zu entdecken.

Wir sind realistisch und visionär zugleich: Und wissen aus eigener Erfahrung, wo die Bemühungen um Veränderung an Grenzen stoßen und wo sie Aussicht auf Erfolg haben. Immer wieder Mut schöpfen wir aus den innovativen Ansätzen, die es in vielen Schulen oder am Rande des Schulsystems bereits gibt. Deren Erfolge können selbst größte Pessimisten überzeugen, Veränderungen anzustreben und umzusetzen.

Ganz ehrlich: Wir sind uns selten einig – zu unterschiedlich sind unsere Lebenslinien verlaufen. Und doch finden wir im Dialog immer wieder zueinander. Denn die Idee, dass Menschen als Potenzialentfalter geboren werden, ist universal. Und die Wege dorthin weist nicht nur die Hirnforschung. Auch der Erfolg eines Unternehmens ist ausschließlich auf engagierte, kreative Mitarbeiter zurückzuführen, die, nicht weil sie müssen, sondern weil sie wollen, manchmal sogar »besoffen vor Glück« (Peter M. Endres) morgens zur Arbeit kommen.

Dass die Realität des Arbeitslebens für die meisten Menschen gegenwärtig noch anders aussieht und dass es bisher eher wenige Schüler gibt, die so gerne in die Schule gehen, dass sie weinen, wenn die Schulferien beginnen, ist uns beiden nur allzu bewusst. Darüber haben wir lange und intensiv miteinander geredet, einen ganzen Sommer lang, oft während unserer Wanderungen hinauf auf einen der Berggipfel in den Alpen. Von dort oben sieht die

Welt anders aus. Der Blick wird nicht ständig vom nächsten Berg verstellt, wir konnten weit in die Ferne sehen und die ganze Bergwelt bis zum Horizont überschauen. So öffnete sich auch unser Blick für das Entscheidende, was in so vielen Schulen, Ausbildungseinrichtungen, Universitäten und Unternehmen fehlt, um das zu werden, was sie allesamt sein könnten – Orte des gemeinsamen Entdeckens, des Voneinanderlernens, des Miteinandergestaltens, Orte der Entfaltung der in jedem Menschen angelegten Potenziale.

In all diesen Einrichtungen ist genau das verloren gegangen, worauf es für gelingende Bildungsprozesse, für gelingende Beziehungen, für eine gelingende Entwicklung der Persönlichkeit und damit für die gelingende Gestaltung des Lebens am meisten ankommt: die Lust am Lernen sowie die Freude am gemeinsamen Entdecken und Gestalten. Uns wurde aber auch klar, dass unsere Schulen, Universitäten und Unternehmen dafür weder geschaffen noch darauf ausgerichtet sind. Dass diese Einrichtungen ganz anderen Zwecken dienen und bis heute ihre jeweils eigenen Ziele verfolgen.

Das lässt sich indes ändern, weil es kein Naturgesetz ist, dass Menschen im Laufe ihres Lebens ihre angeborene Entdeckerfreude und Gestaltungslust verlieren. Und wenn eine Gesellschaft ihre eigene Entwicklungsdynamik, ihre Innovationskraft, ihren Entdecker- und Erfindergeist zu verlieren droht, wird es höchste Zeit, sich auf genau das zu besinnen, was die wichtigste Grundlage ihrer Zukunftsfähigkeit in einer globalisierten Welt ist: die Lust der Menschen am gemeinsamen Entdecken und Gestalten dieser neuen Lebenswelt. Die darf ihnen nicht abhanden kommen oder gar ausgetrieben werden, zu Hause nicht, in der Schule nicht, und auch nicht im Beruf. Und deshalb werden sich unsere Bildungseinrichtungen und Unternehmen verändern müssen, und zwar so, dass dort ein für die Bewahrung dieser angeborenen Lernlust günstigerer Geist, ein günstigeres Klima, günstigere Einstellungen und Haltungen entstehen kann.

Angesichts dieser Perspektive, die wir oben auf dem Gipfel erkannt hatten, war es nicht mehr so schwer, beim Abstieg ins Tal die einzelnen Bereiche auszumachen, in denen ein Umdenken, eine Veränderung bisher vorherrschender Haltungen und innerer Einstellungen sowohl im Bildungsbereich als auch in Unternehmen und Organisationen notwendig ist.

Diese Bereiche bilden die acht Kapitel dieses Buches, und wir haben dabei jeweils eine bisher vorherrschende Überzeugung als »gut«, eine für die Bewahrung und Wiedererweckung der Lernlust geeignetere Einstellung als »besser« dargestellt. Natürlich gibt es auch Bedingungen, unter denen es günstiger ist, die bisher vorherrschenden Haltungen einzufordern und zu stärken.

Ob sich so auch die Lernlust erhalten und wiedererwecken lässt, muss jeder Leser selbst entscheiden. Genau dazu wollen wir Sie einladen: zum Selberdenken – oder noch besser zum Entdecken Ihrer Lust am Selberdenken.

In eigener Sache

Frank Roth hat an diesem Buch redaktionell mitgearbeitet und uns maßgeblich unterstützt. So hat er mit uns den Inhalt der Gespräche strukturiert und zusammengefasst. Dazu bedarf es journalistischer Fähigkeiten, die er in besonderem Maße hat. Außerdem ist er ein toller Mensch. Die Zusammenarbeit hat uns viel Spaß gemacht. *Danke, Frank Roth!*

Erkenntnis 1:

Einzelkämpfertum ist gut.

→ **Beziehungsfähigkeit und Gemeinsinn sind besser!**

■ ■ ■ Was wir wissen

Unser gegenwärtiges Leben wird bestimmt von regulierten und durchgeplanten Abläufen, von Vorschriften und klaren Anleitungen, von computergesteuerten Prozessen. Wer sich in dieser Welt zurechtfinden will, kommt ohne Planen, Regulieren, Kontrollieren nicht aus. Wie soll sonst der Verkehr in einer Großstadt reibungslos fließen, sollen aus Öl und Eisenerz Autos und Flugzeuge entstehen, soll ein Wolkenkratzer gebaut oder ein Organ verpflanzt werden? Unendlich viele einzelne Arbeitsschritte müssen gekonnt ineinandergreifen, präzise aufeinander abgestimmt werden, um das gewünschte Resultat zu erzielen. Alles muss dafür nach »Plan« laufen – für Fehler und Abweichungen ist da kein Platz.

Freiräume kommen in dieser Logik nicht vor. Sie gefährden die Ablauforganisation und stören die Effizienz. Unser körperlicher »Bausatz« zeigt uns allerdings etwas anderes: Leben funktioniert nicht. Leben entwickelt und entfaltet sich. Zellverbände und Organismen werden nicht streng nach »Plan« gebaut, sie organisieren sich selbst. Das, was als Bauplan, als genetisches Programm vorgegeben zu sein scheint, ist weit weniger bestimmend für das, was am Ende herauskommt, und viel weniger, als wir uns gemeinhin vorstellen. Aus dem alltäglichen Umgang mit exakt steuerbaren technischen Abläufen heraus haben wir uns bisher verleiten lassen, zu glauben, dass auch das gesamte Leben einem Programm gehorchen müsse, dass sogar wir, sprich unsere Gesundheit, unsere Intelligenz, unser Verhalten, von genetischen Bauplänen determiniert seien.

Organisationen – ob in Schule, Wirtschaft oder Gemeinden – sind diesem mechanistischen Glauben ebenfalls verfallen. Man denkt in der Produktionslogik: Es gibt Güter, die angeliefert werden (Input), verarbeitet werden und zu einem Ergebnis führen (Output). Das Ergebnis ist plan- und messbar sowie überraschungsfrei.

Doch Menschen sind als sogenannte »offene Systeme«
im ständigen Austausch mit ihrer jeweiligen Lebenswelt.
Andauernd verändern sich die Bedingungen, und wir selbst
führen durch jede Handlung wie auch durch jede Unter-
lassung Veränderungen herbei. Was daraus erwächst, ist
weder planbar noch gezielt herstellbar, es organisiert sich
aus sich selbst heraus und produziert Überraschungen.

Die nächste gute Nachricht: Unser Gehirn ist ein Musterbeispiel
für das Prinzip dieser Selbstorganisation. Im Lauf der stammesge-
schichtlichen Entwicklung wurden die bewährten Strukturen und
Funktionen der älteren Hirnregionen beibehalten und in die neuen
Strukturen integriert. Im Zuge dieser Weiterentwicklung mit der
Herausbildung des Neokortex (Großhirnrinde) ist unser Gehirn
zu einem einzigartigen Organ geworden, das sich zeitlebens verändern und an seine Nutzung anpassen kann. Das oberste Gebot
dieser Weiterentwicklung sind ganz offensichtlich die Bereitstel-
lung einer maximalen Offenheit und das Zurückdrängen festge-
legter Programmstrukturen, die eigentlich nur noch für »Notfälle«
bereitgehalten werden.

Diejenige Hirnregion, in der sich während der frühen Kindheit ganz besonders intensive Nervenzellkontakte herausbilden
und darauf warten, dass sie möglichst komplex benutzt und
stabilisiert werden, ist beim Menschen die Hirnrinde, genauer gesagt: der Frontallappen. Die in dieser Region herausgeformten
Verschaltungsmuster nutzen wir, wenn wir uns ein Bild von uns
selbst und unserer Stellung in der Welt machen wollen (Selbst-
wirksamkeitskonzepte), wenn wir unsere Aufmerksamkeit auf bestimmte Wahrnehmungen richten, Handlungen planen und die
Folgen von Handlungen abschätzen (Motivation, Impulskon-
trolle), und wenn wir uns in andere Menschen hineinversetzen
und Mitgefühl entwickeln (Empathiefähigkeit, soziale und emotionale Kompetenz).

Diese Fähigkeiten braucht jeder Mensch, der ein erfülltes Leben führen will – denn sie sorgen dafür, dass wir uns im Leben zurechtfinden, lernbereit, wissensdurstig und neugierig bleiben und mit anderen gemeinsam nach guten Lösungen suchen wollen.

Diese Fähigkeiten wollen alle Eltern ihren Kindern mit auf den Weg geben. Wir können es allerdings nicht oft genug wiederholen: Diese Fähigkeiten können nur durch eigene Erfahrungen anhand entsprechender Vorbilder herausgeformt und gefestigt werden. Und Erfahrungen lassen sich nicht unterrichten.

Eltern, Erzieher und Lehrer können Heranwachsende einladen, ermutigen und inspirieren, sich immer wieder neuen Herausforderungen zu stellen, sich immer wieder neues Wissen und neue Fähigkeiten anzueignen, sich immer wieder auf neue Erfahrungen einzulassen. Ein Prozess, der nicht an der Schulpforte endet: Auch Unternehmen sind gefragt, diese schlummernden Potenziale in ihren Mitarbeitern zu entdecken, wenn sie erfolgreich sein wollen. Und was braucht es dazu? Freiräume zum eigenen Denken und Handeln. Und andere Menschen, die bereits über ein breites Spektrum an Erfahrungen verfügen und mit denen sie sich gerne austauschen, weil sie sich mit ihnen emotional verbunden fühlen. Solche Personen können nur Menschen sein, die ihre eigene Lust am Entdecken und Gestalten und an ihrer eigenen Weiterentwicklung noch nicht verloren haben.

Vor allem Heranwachsende brauchen möglichst vielfältige Gelegenheiten, um am eigenen Leib spüren zu können, wie es sich anfühlt, eine Herausforderung zu meistern, seine Ängste zu besiegen und mit Geduld und Ausdauer bei der Sache zu bleiben, Niederlagen zu ertragen und Fehler zu akzeptieren. Andererseits brauchen sie die Erfahrung, was es bedeutet – und wie sich das anfühlt –, gemeinsam mit anderen etwas zu entdecken und zu gestalten, füreinander einzustehen und besonders aufeinander Rücksicht zu nehmen.

Im Gehirn ist ein Belohnungsmechanismus für jede dieser positiven Erfahrungen eingebaut, da Wichtiges im Wortsinn »unter die Haut« geht. Es wird ein Gefühl ausgelöst, das mit einer körperlichen Reaktion einhergeht. Dabei kommt es zu einer Aktivierung der sogenannten emotionalen Zentren. Das sind Gruppen von Nervenzellen im Mittelhirn mit sehr langen und weitverzweigten Fortsätzen. Immer dann, wenn diese Zellen »feuern«, werden an den Enden dieser Fortsätze sogenannte neuroplastische Botenstoffe freigesetzt. Sie wirken auf nachgeschaltete Neuronenverbände bildlich ausgedrückt wie »Dünger«. Sie stimulieren dort die Herstellung von Eiweißen, die für das Auswachsen von Fortsätzen und die Neubildung und Festigung von Nervenzellverknüpfungen gebraucht werden. So werden alle jene Vernetzungen im Hirn verstärkt, ausgebaut und gefestigt, die für die erfolgreiche Bewältigung einer Herausforderung, für das Lösen eines Problems, für die Aneignung einer Fähigkeit oder die Verankerung neuen Wissens aktiviert worden sind.

Deshalb lernt man alles so leicht, schnell und nachhaltig, was einem wirklich wichtig ist. Und deshalb kann man sich Mühe geben und üben, so viel man will, ohne dass etwas hängen bleibt – wenn einen das, was man lernen will, nicht wirklich berührt.

Bestrafungen oder Belohnungen aktivieren ebenfalls die emotionalen Zentren – allerdings werden dabei vor allem Vernetzungen gestärkt, um Bestrafungen zu vermeiden oder Belohnungen zu bekommen. Anreizsysteme oder Incentives, wie sie in der Wirtschaft verbreitet sind, führen dazu, immer besser und geschickter Belohnungen einzuheimsen, nicht aber dazu, immer mehr Lust zu entwickeln, persönliches Wissen und Können zu verbessern.

Im Hintergrund schlummert nämlich folgende Logik. Wer immer wieder zu Hause, in der Schule oder im Berufsleben bestimmte Erfahrungen macht, entwickelt daraus eine bestimmte innere Einstellung. Solche Haltungen und Überzeugungen können günstig oder ungünstig für die weitere Entwicklung eines Menschen sein. Sie sind bestimmend für das, wofür sich der betreffende Mensch interessiert, sie lenken seine Wahrnehmung und bilden die Grundlage seiner Bewertungen und Entscheidungen. Eine ungünstige innere Einstellung zum Lernen entwickelt niemand von allein. Sie ist immer das Ergebnis ungünstiger Erfahrungen. Für diese ist aber niemals ein Lernstoff verantwortlich, sondern immer ein anderer Mensch, manchmal ein bestimmter Lehrer, manchmal jemand zu Hause oder im Kindergarten, und sehr oft auch jemand aus der sogenannten Peergroup.

Erst wenn Jugendliche erleben, dass sie für dieses Zusammenleben und diese Gestaltung unserer Zukunft wirklich gebraucht werden, können sie auch erfahren, dass ihnen das umso besser gelingt, je mehr sie wissen und können.

Soziales Engagement ist daher keine verzichtbare Nebenbeschäftigung für junge Menschen, sondern die entscheidende Voraussetzung für den Erwerb sozialer Kompetenzen, denn die wichtigsten Erfahrungen machen wir im Zusammenleben mit anderen. Vor allem immer dann, wenn wir gemeinsam mit anderen auf Entdeckungsreise gehen und gemeinsam etwas gestalten, was über das hinausgeht, was man als einzelner Mensch zu bewerkstelligen imstande ist.

Je unterschiedlicher die einzelnen Personen mit all den Erfahrungen sind, die sie bisher in ihrem Leben gemacht haben, desto bedeutsamer, ausgewogener, komplexer, innovativer und nachhaltiger wird das, was dieses Team in einer gemeinsamen Anstrengung zu vollbringen imstande ist.

Damit jemand aber gemeinsam mit anderen, sehr unterschiedlichen Menschen nach innovativen und nachhaltigen Lösungen für bestimmte Probleme suchen kann, müsste die betreffende Person in der Lage sein, mit diesen anderen eine vertrauensvolle und konstruktive Beziehung aufzubauen. Sie müsste den Nutzen gemeinsamer Anstrengung erfahren. Nur dann kann sich das herausbilden, was wir Gemeinsinn nennen.

■ ■ ■ Darüber müssen wir reden

Endres: Wenn wir morgens zur Arbeit gehen, reisen wir nicht zum Mars. Wir sind noch auf dieser Welt – und die funktioniert in Sachen Beziehung genauso wie zu Hause. Egal, ob ich mit meiner Frau und den Kindern rede oder mit einem Mitarbeiter – ich versuche immer, eine stabile Beziehung aufzubauen. Und wenn Sie von Ihren Familienmitgliedern erwarten, dass sie offen und ehrlich zu Ihnen sind, dann sollten Sie das von Ihren Kolleginnen und Kollegen auch erwarten. Es wäre aus meiner Sicht ein grober Fehler, zu glauben, dass in einer Firma andere Gesetze gelten als im Rest der Welt.

Hüther: Die Vorstellung, dass es im Leben auf Wissen und Qualifikationen ankomme, nicht aber auf gute Beziehungen, ist aber immer noch verbreitet.

Endres: Es gibt jede Form von Missmanagement – diese natürlich auch. Aber wenn wir uns an den Guten orientieren, dann muss man konstatieren, dass diese in Beziehungen investieren – mit allen Gefühlen, die dazugehören.

Hüther: Noch bis vor Kurzem waren maßgebliche Leute fest davon überzeugt, dass es primär auf die kognitiven Leistungen des Menschen ankomme. Aus dieser Zeit stammt auch der immer noch weitverbreitete Glaube an die Wichtigkeit des Intellekts. Immer noch gehen viele davon aus, dass etwa ein Intelligenztest etwas über die Eignung von Menschen auszusagen imstande ist. Dabei misst er doch nichts weiter als die Fähigkeit, in bestimmten Situationen bestimmte analytische Lösungen zu finden. In Beziehungen zu investieren heißt, die Bedeutung von Gefühlen wiederzuentdecken, die ja lange Zeit als störend betrachtet wurden. Selbst die Wissenschaft hat versucht, Gefühle als steinzeitliches Erbe zu stigmatisieren.

Endres: Aus heutiger Sicht nur schwer nachvollziehbar.

Hüther: Gefühle sind unentbehrlich, weil sie unseren Wahrnehmungen eine Wertigkeit, also Gewicht und Bedeutung, verleihen. Wir bewegen uns ja in einem ständigen Strom von Sinneseindrücken, die an uns vorbeirauschen würden, wenn es nicht Gefühle gäbe, die daraus einzelne Ereignisse herausfiltern und bedeutsam machen. Rosenliebhaber werden sich beim Gang durch den Garten den Rosen zuwenden, ein anderer, der gerne kocht, vielleicht dem Kräutergärtchen – wir brauchen unsere Gefühle, um für uns Wichtiges und Unwichtiges erfahren und voneinander unterscheiden zu können.

Endres: Wir versuchen deshalb, auch Themen, die für die Mitarbeiter von Bedeutung sind, immer stärker mit emotionalen Erlebnissen zu verbinden – egal, ob es sich dabei um Fehler oder Erfolge handelt.

Hüther: Dass es nur so funktionieren kann, haben die Hirnforscher inzwischen auch herausgefunden. Sie nennen es emotionale Aufladung. Und die funktioniert von Kindesbeinen an: Ein Kind lernt das Sprechen nicht deshalb, weil ihm die Mutter immer wieder Mama oder Apfel vorplappert, sondern es lernt diese Worte dann, wenn sie emotional aufgeladen werden. Was das Kind also lernt, ist eine Lautgestalt, die mit einem Gefühl verknüpft ist – mit dem Duft, dem Geschmack, der glatten Haut und allen anderen Eigenschaften eines Apfels. So wird ein Wort nach dem anderen gelernt, angehängt an ein damit einhergehendes, wunderbares Gefühl. Als Erwachsene können wir dann neutral den Begriff Apfel verwenden, ohne dass uns wieder dieses alte Gefühl überkommt. Bei Mama geht das nie so ganz. In den Schützengräben finden Soldaten, die schon lange nicht mehr Mama gesagt hatten, manchmal wieder zu diesem Gefühl zurück. Zu Mama, der emotional aufgeladenen Lautgestalt, die in der Not immer helfen konnte.

Endres: Diese emotionale Aufladung bringe ich immer mit dem 11. September 2001 in Verbindung. Es gibt wohl kaum jemanden, der sich nicht erinnern kann, wo er an diesem Datum war. Ich habe dazu ein sehr klares Bild im Kopf.

Hüther: Wobei das auch darauf zurückzuführen ist, dass wir uns alle daran erinnern, weil uns das kollektive Erlebnis emotional verbindet.

Endres: Aber Sie wissen dennoch auch, wo Sie waren?

Hüther: Ja, natürlich. Wenn Sie mich aber fragen, woran ich mich in meinem Leben am besten erinnern kann, dann sind das nicht so sehr irgendwelche äußeren Ereignisse. Dann sind das eher Erlebnisse, die ich mit anderen Menschen hatte und die einen bleibenden Eindruck hinterlassen haben.

Endres: Ist es auch das, was Sie in der Beziehung mit anderen Menschen leitet, einen Eindruck zu hinterlassen?

Hüther: Das kann ein Ergebnis sein, ist aber nicht mein Ziel. Ich freue mich, wenn ich erleben darf, wie sich ein Mensch, mit dem mich etwas verbindet, weiterentwickelt. Umgekehrt leide ich mit, wenn ich mit Menschen zusammen bin, die Angst haben, sich auf etwas Neues einzulassen, die lieber so bleiben wollen, wie sie sind. Deshalb macht es mir besondere Freude, dazu beizutragen, in anderen diesen Wachstumsimpuls wieder zu wecken.

Endres: Da kann ich Ihnen zustimmen. Aber ich habe noch viele andere Aspekte, die mich leiten, Prinzipien, wenn Sie wollen. Zum Beispiel: Ich kommuniziere offen – was ich auch von anderen erwarte. Ich akzeptiere, dass der andere weder besser noch schlechter ist, sondern einfach nur anders, und deshalb können wir gleichberechtigt miteinander umgehen. Aber dabei endet es nicht. Es gibt noch viele andere Aspekte, die meine Beziehungen zu anderen implizit prägen.

Hüther: Vielleicht ist es schon ein guter Maßstab, wenn wir das ärztliche Handlungsprinzip zugrunde legen würden, dass man mit der Behandlung dem Patienten möglichst nicht schaden sollte. Glauben Sie, dass das in allen Köpfen schon verankert ist?

Endres: Nein, das glaube ich nicht. Nach meiner Wahrnehmung geht es immer noch stärker darum, wie ich schneller oder besser ans Ziel komme, als darum, wie ich dabei niemandem Schaden zufüge. Die Welt tickt zu sehr in Egoismen. In Unternehmen heißt das Spiel ab einer gewissen Managementhöhe dann Politik: Netzwerke für seine Themen aufbauen und aktivieren, damit eine Entscheidung am Ende in meinem Sinne mehrheitsfähig ist. In diese Spielchen wird enorm Zeit investiert – einer der Gründe, warum ich Kodak verlassen habe – trotz des herausragenden Rufs der Firma zur damaligen Zeit. Einen zu großen Teil meines Arbeitstages habe ich damals damit verbracht, meine Ziele auf diese

Weise zu erreichen. Vollkommen unproduktiv: Ich hasse Zeitverschwendung, die für das Strippenziehen und den Aufbau von Seilschaften draufgeht.

Hüther: Und jetzt wollen Sie mir weismachen, dass es das bei Ihnen nicht gibt? Dass Sie Ihre Mitarbeiter nicht für das Erreichen Ihrer Ziele benutzen und sie zu Objekten Ihrer Maßnahmen machen?

Endres: Nein, aber es ist zumindest nicht die dominierende Verhaltensweise. Politische Machtspiele bestimmen nicht unser Handeln. Und das macht uns produktiver.

Hüther: Wie haben Sie das geschafft?

Endres: Ich hasse es und mache es nicht. Das sage und lebe ich deutlich. Und das Vorbild scheint zu helfen.

Hüther: Klingt sehr einfach. Aber ich kann mir vorstellen, dass es sehr schwierig wird, Ihre Vorstellung von Beziehungskultur zu etablieren, wenn es eine starke Gruppe gibt, die exakt diese politischen Netzwerke bevorzugt.

Endres: Ja, stimmt. Allerdings ist offene und ehrliche Kommunikation eine wichtige Grundlage, die politische Spielchen eher verhindert als fördert – wenn offen und ehrlich zu sein nicht nur Lippenbekenntnisse bleiben. Wenn Sie genau zuhören und hinschauen, werden Sie schnell herausfinden, wo so etwas entsteht – und sofort intervenieren.

Hüther: Klingt anstrengend.

Endres: Ich finde es nicht anstrengend, weil ich von dem Ziel besessen bin, dass es sich zum Besseren ändert. Schließlich profitieren alle davon, wenn mir das gelingt: Die Produktivität steigt und jeder Einzelne gewinnt Zeit. Aber verhindern kann auch ich es nicht vollständig. Wo Menschen arbeiten, sind Eitelkeiten und Egoismen an der Tagesordnung.

Hüther: Egal, ob als Führungskraft, Lehrer oder Bürgermeister, man hat immer die Wahl, Menschen entweder so oder so zu behandeln: entweder als Objekt oder als Subjekt. Es gibt wohl wenig, was so demütigend ist, wie als Objekt behandelt zu werden. Aber ich fürchte, dass uns das sehr viel häufiger passiert, als uns lieb sein kann. Wir betrachten Menschen allzu leicht in Bezug auf ihre Verwertbarkeit, ihre Nutzbarkeit. Viele Unternehmen nennen ihre Personalabteilungen deshalb ja Human Resources Department – da wird über Sprache deutlich, welches Bild die von ihren Mitarbeitern haben.

Endres: Wobei »Personalabteilung« auch nicht die höchste Stufe der Wertschätzung ausdrückt – schließlich gibt es heute keine Herrschaften mehr, die Personal beschäftigen. Aber ich gestehe, dass wir etwa mit unserem Versuch, die Abteilung in Mitarbeiterabteilung umzubenennen, grandios gescheitert sind. Das konnte sich einfach nicht durchsetzen. Trotz des schlechten Namens arbeitet unsere Personalabteilung hervorragend.

Hüther: Wahrscheinlich deshalb, weil denen die Mitarbeiter wichtig sind und sie sich nicht mehr als Verwalter von Personal verstehen. Es ist ungünstig, wenn Menschen zu Objekten irgendwelcher Maßnahmen gemacht werden. Aber wer das will, müsste eine Haltung entwickeln, die es ihm ermöglicht, sich auf die Begegnung mit einem anderen Menschen einzulassen.

Endres: Und was braucht es dazu?

Hüther: Die Antwort klingt einfach und ist in der Umsetzung doch unendlich schwer: Sie gewinnen diese Haltung, wenn Sie im Laufe Ihres Lebens die Erfahrung machen durften, dass es gut ist, wenn Sie sich auf eine Begegnung einlassen. Deshalb braucht jeder Mensch ein reichhaltiges Spektrum an Möglichkeiten, anderen Menschen zu begegnen. Und diese anderen Menschen dürfen nicht alle gleich sein. Wenn ich nur Gleichaltrigen begegne, dann lerne ich nur mit und von Gleichaltrigen. Und auch das Verhalten der eigenen Eltern allein ist viel zu wenig reichhaltig, zu eindimensional. Wenn wir aber die Chance haben, möglichst vielen unterschiedlichen Menschen zu begegnen und von ihnen zu lernen, dann entsteht am Ende aus diesem breiten Spektrum eine Fähigkeit, die wir als psychosoziale Kompetenz bezeichnen. Menschen mit dieser Kompetenz wissen, wie bereichernd es ist, sich immer wieder mit Menschen auszutauschen, die über andere Erfahrungen verfügen als sie selbst, die etwas anderes erlebt haben, die andere Fähigkeiten ausgebildet haben.

Endres: Ich sehe es eigentlich so: Wir sind unbedingt darauf angewiesen, diese psychosoziale Kompetenz auszubilden. Wir können doch nicht darauf setzen, dass wir alle Erfahrungen selbst machen können.

Hüther: Exakt. Wir sind davon abhängig, Erfahrungen von anderen Menschen zu übernehmen oder uns anzueignen. Aus neurobiologischer Perspektive ist das die Schlüsselqualifikation, die man als Mensch braucht, um Mensch zu werden.

Endres: Wir reden über eine positive Spirale: Gute Erfahrungen lassen psychosoziale Kompetenz entstehen, die wiederum dazu führt, dass ich dies in die Welt hinaustrage. Weil es mich bereichert hat, weil es für mich wertvoll war. Was ist mit Menschen, die am Anfang negative Erfahrungen machen?

Hüther: Keine Erfahrungen wiegen noch schwerer als negative. Zu vielen Jugendlichen bleibt heutzutage die Erfahrung verwehrt, mit anderen Menschen als ihren Eltern oder Gleichaltrigen in eine enge Austauschbeziehung zu kommen. Solche Kinder lernen nur, einigermaßen mit ihren Eltern und Lehrern zurechtzukommen. Sowie mit Gleichaltrigen, in Kindergärten, Schulen und Peer-groups.

Endres: Für jemanden wie mich, der in einer Geschwistergruppe aufwuchs und sich nur mit einem bunten Beziehungsnetz wirklich lebendig fühlt, ist das ein apokalyptisches Szenario.

Hüther: Es ist in der Tat beängstigend. Aber das erklärt, warum es in Ihrem Unternehmen junge Mitarbeiter geben wird, die schlicht nicht in der Lage sind, mit einem älteren Mitarbeiter eine Beziehung aufzubauen. Nur so ist aber die Weitergabe von Wissen und Können zu gewährleisten. Dieses Defizit zeigt sich in Unternehmen in besonders dramatischer Form. In der Schule hemmt es den Wissenstransfer genauso wie an der Universität. Und die Lösung ist nicht, die beiden Altersgruppen einfach zusammenzubringen. Vielmehr müsste für die Jüngeren ein Erlebnisraum geschaffen werden, in dem mehrgenerationale Begegnungen und die Weitergabe von Erfahrungen ermöglicht und als positiv erlebt werden.

Endres: Das ist das, was Sie mit altersgemischten Klassen meinen. Klingt plausibel, aber entsteht nicht ein ähnlicher Effekt, weil in vielen Schulen Kinder aus unterschiedlichsten Ländern miteinander lernen?

Hüther: Wenn sie gleich alt sind, dauert es nicht sehr lange, bis sie alles untereinander ausgetauscht haben, was sie für wichtig halten. Menschliches Leben vollzieht sich aber in Altersstufen. Und wenn gleichaltrige Menschen aus unterschiedlichen Ländern zusammenkommen und voneinander lernen, ist das ein guter Ansatz – aber immer noch zu wenig.

Endres: Wie ich Sie kenne, haben Sie auch Belege für Ihre Aussagen.

Hüther: Ja, das lässt sich aus den Befunden der Hirnforschung unmittelbar ableiten. Menschen, denen die positive Erfahrung fehlt, mit einer fremden oder einer älteren Person in einen konstruktiven Prozess zu kommen, aktivieren bei einer solchen Begegnung nicht ihr Lustzentrum im Hirn, sondern das Angstzentrum. Das ist ihnen fremd, davor haben sie Angst. Umgekehrt wird bei denjenigen, die positive Erfahrungen in solchen Begegnungen gemacht haben, das Lustzentrum aktiviert. Die Folge sind zwei diametral entgegengesetzte Verhaltensmuster: Der eine lässt andere Menschen links liegen und sieht zu, dass er Abstand halten kann, der andere geht auf solche Personen zu und verbindet sich mit ihnen. Und jetzt dürfen Sie raten, wer wohl das reichhaltigere und komplexer vernetzte Hirn entwickeln wird?

Endres: Ich liebe rhetorische Fragen. Im Ernst, wir versuchen, altersgemischte Teams in Mentoring-Programmen zu realisieren.

Hüther: Das ist der richtige Ansatz. Dort stellen die jungen Menschen nämlich fest, dass es neben Eltern und Gleichaltrigen jemanden gibt, der anders ist, anders denkt und handelt als sie, der sie ernst nimmt und mit dem sie sich austauschen können. Das stellt nicht nur den Schlüssel für den Erwerb psychosozialer Kompetenz dar, sondern kann sogar als Schutz dienen.

Endres: Inwiefern?

Hüther: Wir lehnen meistens diejenigen Menschen ab, die besonders negative Erfahrungen gemacht haben. Wenn ich einen Menschen ablehne und aus dessen Erfahrung nicht lerne, bin ich gezwungen, diese unangenehme Erfahrung möglicherweise selbst machen zu müssen. Doch unsere Schulen schotten sich systematisch gegen solche breiten Beziehungserfahrungen ab. Dort müsste es altersgemischte Gruppen geben, die Schulen müssten sich fürs pralle Leben öffnen. Und schließlich müssten auch andere Menschen als Lehrer in die Schule eingeladen werden, um ihre Erfahrungen dort einbringen zu können.

Endres: Das ist mir ein wenig zu einfach. Was ist mit Kollegen, zu denen ich einfach keinen Draht finde? Sie lehne ich nicht wegen ihrer Erfahrungen ab, die ich nicht mit ihnen teilen will, sondern weil ich einfach Probleme mit ihnen habe. Dann muss ich meines Erachtens in der Lage sein, mich selbst zu beobachten und dieses Verhalten zu hinterfragen.

Hüther: Vielleicht gelingt es Ihnen aber auch, herauszufinden, ob es nicht doch eine Eigenschaft des Gegenübers gibt, die Sie liebenswert oder gar bewundernswert finden. Glauben Sie mir, jeder, der bisher bereit war, sich auf diese Betrachtungsweise einzulassen, hat am Ende etwas gefunden. So kann ein Lehrer, den ein Schüler zur Weißglut bringt, auch zum Schatzsucher werden, und dann entdeckt er in diesem Schüler meist auch etwas, was er vorher nicht sehen konnte. Die Wahrscheinlichkeit, dass Sie jemanden als Objekt behandeln, schrumpft augenblicklich gegen null. Anders ausgedrückt: Sie haben jetzt eine Beziehung aufgebaut, Sie sind einander begegnet.

Endres: Dennoch gibt es Fälle, in denen nichts mehr hilft. Wenn etwa Werte oder Prinzipien grob verletzt werden, an die sich sonst alle halten, darf man auch vor einer Trennung nicht zurückschrecken. Im Übrigen halte ich – ganz trivial – das persönliche Gespräch für das beste Instrument, um solche Themen zu klären. Wir haben das etwa in der Familie früh geprobt: Was finde ich gut an Papa und Mama und was regt mich auf? Dann löst sich einiges auf. Im Unternehmen steht einem solchen Gespräch oft der Druck des Tagesgeschäfts im Weg. Dann hilft nur eins: das institutionalisierte Mitarbeitergespräch. Dabei haben die Mitarbeiter die Gelegenheit, mit dem Vorgesetzten Themen zu besprechen, die sie ärgern, sie bedrücken oder für die sie keine Lösung haben. Meine praktische Erfahrung ist, dass allein dieses Gespräch schon vieles auflöst, was vermeintlich zwischen den zwei Personen steht.

Hüther: Es darf sich aber nicht nur auf den engen betrieblichen Zusammenhang beziehen, sondern in dem Gespräch muss auch Raum für den Menschen sein.

Endres: Richtig, ich spreche mit der Person, nicht mit dem Funktionsträger.

Hüther: Nicht mit einem Objekt, sondern dem Subjekt.

Endres: Voraussetzung ist allerdings, dass Sie ehrlich daran interessiert sind, was Ihnen Ihr Gegenüber erzählen will. Nicht nur das Gefühl vermitteln, Sie seien interessiert, sondern es wirklich sein. Wenn Sie etwas vortäuschen, werden Sie exakt das Gegenteil von dem erreichen, was Sie wollten: Demütigung. Gerade wenn Sie mit jüngeren Kollegen eine Beziehung aufbauen, ist es ganz wichtig, dass Sie sich in deren Welt begeben. Das merke ich jedes Mal, wenn ich im Rahmen des Mentoring-Programms mit einem meiner Schützlinge, den sogenannten Mentees, zusammentreffe.

Hüther: Menschen haben seit Anbeginn versucht, ihr Wissen im Sinne dieser Mentoring-Programme an die nächste Generation weiterzugeben. Die Aborigines in Australien memorieren bis heute in Gesängen die Geschichte oder das Siedlungsgebiet des Stammes. Unser Versuch, Ausbildungsgänge effektiver zu machen, hat dazu geführt, dass wir nur noch darum bemüht sind, möglichst viel Wissen an die nachfolgende Generation weiterzugeben. Wir berauben sie aber der Möglichkeit, eigene Erfahrungen zu machen, die außerhalb des Lehrplans angesiedelt sind. Dass jetzt wieder versucht wird, mit solchen Mentoring-Programmen dieses Defizit in Schulen und auch in Kommunen zu überwinden, ist ein Zeichen dafür, dass wir anfangen, zu begreifen: Es geht uns dabei zu viel verloren.

Endres: Zumindest in Unternehmen funktioniert dieser Ansatz wirklich gut. Die Mentees profitieren von meiner Erfahrung und Vernetzung im Unternehmen. Umgekehrt lerne ich erfahrungsgemäß bei jedem Mentoren-Gespräch dazu. Spannend ist für mich vor allem, zu erfahren, wie etwa ein 30-Jähriger auf ein Thema blickt, zu dem ich mir eine Meinung gebildet habe. Nicht selten revidiere ich sie danach. Dieser andere Blickwinkel erweitert meinen Horizont. Ich habe Kollegen, die sind imstande, ein Thema von allen Seiten zu betrachten, einen 360-Grad-Blick einzunehmen. Eine Fähigkeit, die dann wiederum mit dem Team geteilt wird, das so von diesem Können profitiert.

Hüther: Mentoring-Programme sind gut, wenn sie den Mentee zur eigenen Kraft führen. Faszinierend wird es dann, wenn diese Hierarchie zwischen Mentee und Mentor aufgehoben wird – das ist dann das, was mit einer Begegnung auf Augenhöhe gemeint ist. In menschlichen Gemeinschaften geschieht das immer dann, wenn es ein gemeinsames Ziel gibt. Nicht erziehen, belehren, coachen oder begleiten ist das Ziel, sondern die Vollendung eines gemeinsamen Werkes. Beispiel: Opa und Enkelsohn basteln gemeinsam – und das Ergebnis ist mit Sicherheit beeindruckender, als wenn sich beide allein darangemacht hätten. In dieser Situation sind die beiden durch einen gemeinsamen Sinn, nämlich etwas gemeinsam in die Welt zu bringen, miteinander verbunden. Deshalb heißt das ja auch Gemeinsinn.

Endres: Etwas pragmatischer ausgedrückt: vom Einzelkämpfer zum Gemeinsinn mit einem gemeinsamen Ziel.

Hüther: Richtig – und unser Gehirn arbeitet ja genau so. Es wäre doch katastrophal, wenn sich meine Amygdala mit dem Hippocampus darüber streiten würde, wer Mentee und Mentor ist. Je mehr Verbindungen im Hirn existieren, desto komplexer kann das Werk werden, das der Mensch mit diesem hochvernetzten Gehirn zustande bringt.

Endres: Wenn ich Sie richtig verstehe, hat unser Hirn damit auch die Lösung für die Grenzen des Wachstums vorgegeben. Nicht immer stärker wachsen, sondern sich immer besser vernetzen ist der Erfolg versprechende Ansatz.

Hüther: Genau. Das Hirn wächst nicht dadurch, dass immer mehr Nervenzellen entstehen, sondern durch die Intensivierungen der Beziehungen zwischen den Nervenzellen, der Konnektivität, wie wir das nennen. Das Faszinierende: Diese Beziehungsintensität im Hirn können Sie nahezu endlos steigern und wachsen lassen – bis ins hohe Alter. Und diese Verbesserung der Beziehungen ist überdies noch energiesparend. Also erzeugt einen Zustand, den das Hirn herbeiführen möchte. Denn derjenige, der nur wenige Autobahnen in seinem Hirn hat, verbraucht mehr Energie als jemand, der über ein reichhaltiges Netzwerk verfügt, mit dessen Hilfe er in unterschiedlichsten Lebenssituationen die optimale Lösung findet.

Endres: Das ist für mich in einer Zweierbeziehung noch denkbar. Ziemlich schwierig wird das, wenn ich Tausender- oder Zehntausenderbeziehungen managen muss.

Hüther: Im Gehirn gibt es diese Beziehungen milliardenfach.

Endres: Aber immerhin an einem Ort und planmäßig verdrahtet. Im Unternehmen sind Tausende nicht am selben Ort und auch nicht planmäßig verdrahtet. Da ist die Herausforderung schon ein wenig größer. Es existieren zudem Hierarchien, die eine Vernetzung ebenfalls nicht erleichtern. Und schließlich wird in der Schule die Konnektivität auch nicht gefördert. Dort sind in der Regel immer noch Einzelkämpfer gefragt: Meine Klausur schreibe ich alleine – und wenn ich meinem Nachbarn helfe, werden wir beide dafür bestraft.

Hüther: Genau. Und solchen Schülern fehlt dann auch die Fähigkeit, in Teams mit anderen zusammenzuarbeiten und gemeinsam nach Lösungen zu suchen.

Endres: Und zwar aus freien Stücken, weil sie erkannt haben, dass eine solche Lösung deutlich besser für alle ist.

Hüther: Das sehe ich auch so. In menschlichen Gemeinschaften gibt es eine Art von Verbundenheit, die auf Druck von außen erzeugt wird. So bilden sich Not-, Zwangs- und Zweckgemeinschaften. Das Interessante: Wenn sie ihr Ziel erreicht haben, fallen sie auseinander. Wenn die Oder-Flut vorbei ist, braucht es keine Solidarität mehr, wenn der Diktator vertrieben ist, braucht es keinen Widerstand mehr. Dauerhafter wirkt ein inneres Band, das eine Gemeinschaft verbindet und auch dann noch hält, wenn der äußere Druck weg ist. Wir sprechen hier von Kohärenz. Was können solche Bänder sein? Rituale, eine gemeinsame Identität, eine gemeinsame Marke, eine gemeinsam getragene Kultur. Und es muss Geschichtenerzähler geben, es muss Kümmerer geben und Clowns, die mit Humor das Ganze zusammenhalten. Das gilt für Familien, Schulen und Gemeinden genauso wie für Unternehmen. Und wenn Firmen das erreichen, dann ist dieser Zusammenhalt wirklich stabil und unabhängig von augenblicklichen wirtschaftlichen Gegebenheiten.

Endres: In der Regel sind Unternehmen und Schulen heute Zweckgemeinschaften – die sich durch entsprechende Gestaltung des äußeren Rahmens und des Umgangs miteinander zu Wunschgemeinschaften mit gemeinsamen Zielen entwickeln können.

Hüther: Aber nur durch die Erfahrung, dass es wunderbar ist, gemeinschaftlich etwas zu gestalten. Und zwar im positiven Sinn: Nicht um der Not zu entkommen oder dem Lehrer zu zeigen, dass auch Schüler Macht besitzen. Sondern um die in den Schülern angelegten Talente und Begabungen wirklich und deutlich zur Entfaltung zu bringen.

Endres: Um Erfahrungen zu machen, die unter die Haut gehen und uns dann unser Leben lang begleiten.

■ ■ ■ Was wir behaupten

Der Topmanager sagt:

■ In Sachen Beziehung gelten in der Firma die gleichen Regeln und Gesetze wie im Privatleben.

■ Emotionen gehören an den Arbeitsplatz, denn nur so machen wir nachhaltige Erfahrungen.

■ Der Verzicht auf »Politik« in der Firma bringt einen Wettbewerbsvorteil.

■ Mentoring-Programme sind dann erfolgreich, wenn ehrliches Interesse und eine gemeinsame Zielsetzung vorhanden sind.

■ Das Unternehmensziel »enge Vernetzung von möglichst unterschiedlichen Mitarbeitern« sollte auf Platz eins stehen. Wachstum und Ertrag sind ein Ergebnis.

■ Gute Netzwerke in der Firma bringen Erfahrungen, die unter die Haut gehen und die uns ein Leben lang begleiten. Auf dieser Basis entsteht Gemeinsinn, der einen Wettbewerbsvorteil darstellt.

Der Gehirnforscher sagt:

- Unser Gehirn ist ein soziales Konstrukt.

- Jeder einzelne Mensch ist einzigartig, aber jeder ist erst durch andere zu dem geworden, was er ist.

- Psychosoziale Kompetenz ist die Schlüsselkompetenz für die Entfaltung individueller Potenziale.

- Unser Gehirn hat längst eine Lösung für das Wachstumsproblem moderner Gesellschaften gefunden: Nicht durch Größenzunahme, sondern durch fortwährende Intensivierung der Beziehungsgeflechte zwischen den Nervenzellen ist unbegrenztes Wachstum möglich.

- Gemeinschaften, die durch äußeren Druck zusammengehalten werden, zerfallen wieder, sobald dieser äußere Druck nachlässt.

- Um die in ihnen angelegten Potenziale entfalten zu können, brauchen menschliche Gemeinschaften eine sinnbietende Orientierung.

▪ ▪ ▪ … und wie kann man Beziehungsfähigkeit und Gemeinsinn in der Bildungspraxis fördern?

Gemeinsam etwas zu erreichen, wird in Schulen durch Projektarbeit gefördert. Der systematische Aufbau von Kontakten wie das Entwickeln von Netzwerken wird indes selten gefördert. Ein gelungenes Beispiel, wie sehr die eigene Begeisterung andere anzustecken vermag, ist buddY e. V. Die Initiative verwirklicht den pädagogischen Ansatz der Peergroup-Education. Demnach beeinflussen Kinder und Jugendliche einander, lernen voneinander und profitieren gegenseitig von ihren Erfahrungen: Gleichgesinnte helfen sich gegenseitig. Unter dem Motto »Aufeinander achten. Füreinander da sein. Miteinander lernen« übernehmen die Kumpel (oder englisch buddys) Patenschaften für jüngere Mitschüler. Sie helfen in dieser Funktion anderen beim Lernen, sie setzen sich als Streitschlichter ein und sind Ansprechpartner bei Problemen. Die Lehrer profitieren von diesem Programm, da die Schüler ihre Aufgaben und Probleme eigenständig untereinander lösen. An Schulen, an denen das Programm durchgeführt wird, entsteht so eine konstruktive, offene und rücksichtsvolle Schulkultur.

In Grundlagentrainings bereitet die Initiative die Lehrer auf ihre neue Rolle als Coach vor. Sie werden beim Aufbau von Praxisprojekten an ihren Schulen unterstützt. Die Lehrkräfte tragen die buddY-Idee zu ihren Schülern und geben den Anstoß dazu, Praxisprojekte umzusetzen. Durch dieses Rollenverständnis fördert das buddY-Programm eine Lernkultur, die sich an den Bedürfnissen der Schüler orientiert. »Wir wollen, dass Schüler die Erfahrung machen können, mit dem eigenen Können und Engagement etwas zu bewirken – diese Selbstwirksamkeit ist grundlegend für die Entwicklung eines gesunden Selbstwertgefühls«, ist Roman Rüdiger, geschäftsführender Vorstand von buddY, überzeugt. Schüler fühlen sich durch ihre Aufgaben als buddYs gebraucht und sehen, dass ihr Verhalten eine positive Wirkung hat.

Da sich das Programm flexibel an die Bedingungen der einzelnen Schulen und existierenden Programme anpasst und damit keine Konkurrenz zu bestehenden Projekten darstellt, ist buddY äußerst erfolgreich: Insgesamt beteiligen sich bundesweit in Landes- und Regionalprogrammen inzwischen rund 1000 Schulen am buddY-Programm.

Ein weiteres Beispiel dafür, wie sehr ein kleiner Eingriff in den üblichen Lehrplan imstande ist, die Beziehungsfähigkeit von Kindern und Jugendlichen zu unterstützen, ist Klasse in Sport – insbesondere wenn es um gemeinsame Bewegung geht. Gegenwärtig sind etwa 20 Prozent aller Kinder und Jugendlichen übergewichtig, acht Prozent gelten als fettsüchtig. Langjährige Untersuchungen der Deutschen Sporthochschule Köln haben zudem ergeben, dass durchschnittlich 15 Prozent der Kinder bei der Einschulung zu dick sind, nach dem vierten Schuljahr sind es 26 Prozent. Tendenz steigend.

Der Schlüssel zur Vermeidung dieser Entwicklungsstörung liegt in der täglichen Bewegung der Kinder. Bewegungsmangel – oder besser fehlende Bewegungsförderung – in der relevanten Phase des Heranwachsens ist die entscheidende Komponente. »Den Kindern muss spätestens durch den Schulsport der Spaß am Sport und an der Bewegung ganz allgemein vermittelt werden«, fordert Wilfried Pastors, Erster Vorsitzender von Klasse in Sport e. V. Denn daraus resultieren verbesserte motorische Fähigkeiten und ein verbessertes Körpergefühl. Und es kann eine Welle entstehen: Spaß am Schulsport motiviert, zusätzlichen Sport auf Vereins- oder Freizeitebene zu betreiben und Bewegung auch später im Jugend- und Erwachsenenalter als Bedarf des täglichen Lebens zu betrachten.

 Wie buddY auf Beziehungsfähigkeit und Gemeinsinn einzahlt, erfahren Sie hier.

Erkenntnis 2:

Pflichterfüllung ist gut.

→ **Hingabe und Leidenschaft
sind besser!**

■ ■ ■ Was wir wissen

Frage: Wenn Sie jemanden bei der Erfüllung einer Aufgabe beobachten, können Sie dann wirklich sagen, ob er sie mit Hingabe oder eher aus Pflichterfüllung erledigt? Antwort: Natürlich nicht. Doch die Konsequenzen, ob jemand etwas macht, weil es ihm so aufgetragen wurde, oder er sich mit der übernommenen Aufgabe identifiziert, sind weitgreifend: Im ersten Fall wird die betreffende Person versuchen, die Aufgabe *so gut wie nötig* zu lösen. Im zweiten Fall *so gut wie möglich*. Seine Pflicht erfüllt jemand immer so lange, wie es nötig ist. Hingegen arbeitet jemand mit Hingabe auch dann noch weiter, wenn es keine Kontrolle oder Anreize mehr gibt.

Eine Selbstverständlichkeit, die nicht nur von außen betrachtet einen großen Unterschied macht. Auch die betreffende Person spürt den Unterschied zwischen fremdbestimmter Ausführung, und damit schlimmstenfalls Opfer sinnfreier Anordnungen und Vorgaben zu sein, und dem Gefühl, eigenverantwortlich gestalten zu dürfen. Gestalter werden mit einem guten Gefühl belohnt, was sie zu Wiederholungstätern werden lässt.

Leistungen von pflichterfüllenden Menschen gehen nie über das hinaus, was von ihnen erwartet wird. Leistungen von hingebungsvollen Menschen übersteigen alles, was selbst der Beste unter den Pflichterfüllenden leisten könnte.

Was unterscheidet die beiden noch? Ein Blick auf kleine Kinder zeigt: Sie verbinden sich viel stärker mit dem, was sie tun. Und versinken bisweilen so sehr in einer Beschäftigung, dass sie alles um sich herum vergessen. Uns Erwachsenen passiert das eher nur noch selten – etwa wenn wir ein spannendes Buch lesen, wenn wir alte Fotos anschauen, wenn wir kochen und backen oder wenn wir musizieren. Und noch seltener passiert es uns bei der Arbeit.

Im Englischen heißt dieser Zustand Flow. In solchen Momenten spielt Zeit keine Rolle, man verschmilzt förmlich mit der Aufgabe – es entsteht ein Zustand höchster Präsenz und tiefer innerer Verbundenheit. Hirnforscher bezeichnen diesen Zustand als Kohärenz – ein Gefühl von Befreiung und Glück. Diese Momente höchsten Glücksempfindens sind Sternstunden im Leben. Das Problem: Sie werden immer seltener, je mehr Verpflichtungen wir im Laufe unseres Lebens nachkommen müssen. Wer den Kopf voller ungelöster Probleme hat, wird keine Muße finden, sich mit dem zu verbinden, was ihn beschäftigt. Besagte Sternstunden wird er kaum noch erleben.

Das Faszinierende: Wir verbinden uns in diesen Momenten nicht nur mit der Aufgabe, sondern vor allem mit uns selbst. Wir spüren, was uns ausmacht, was uns fasziniert – vielleicht sogar, wofür wir bestimmt sind. Wenn wir diesen Zustand und Lernen verbinden können, sprechen wir von Lernlust. Ganz entscheidend: Lernlust erleben ist ein Leben lang möglich. In der Schule und im Beruf.

Es ist eine Erfahrung mit sich, mit der Lust am selbständigen Entdecken und Gestalten. Wenn einem Menschen, möglichst schon als Kind, die Gelegenheit geboten wird, diesen Zustand zu erfahren, dann wird diese Lust tief in seinem Gehirn verankert.

Was wiederum der beste Schutz vor den zahlreichen Einflüssen im Alltag ist, die auf uns alle, insbesondere aber auf unsere Kinder, einprasseln. Wir kennen es alle: Bunte, bewegte Bilder, lautes Getöse und Geschrei und überraschende Effekte lenken die Aufmerksamkeit von Kindern automatisch in eine andere Richtung. Selbst durchschauen können sie das nicht, geschweige denn etwas daran ändern. Eltern und Erzieher können jedoch gegensteuern. Sie können Kindern helfen, zu aktiven Gestaltern ihres Lebens zu werden – statt den schnellen Reizen zu verfallen.

Das beginnt bereits im Kindergarten. Unter den Kleinsten scheint es eine Art von Immunität gegenüber dieser betörenden Anziehungskraft zu geben. Im Kindergarten haben sie die Gelegenheit, die beglückende und erfüllende Erfahrung zu machen, sich im eigenen Tun, im eigenen Entdecken und Gestalten zu verlieren. Was wir mit dem altmodischen Begriff »Hingabe« bezeichnen.

Diese Erfahrung wird in ihrem Frontalhirn fest verankert und sich zu einer inneren Einstellung verdichten, die fortan ihre Bewertungen, ihre Aufmerksamkeit und ihr Verhalten lenkt. Deshalb sind sie von außen nicht mehr so einfach zu beeinflussen. Sie suchen nach etwas, dem sie sich aus eigenem Antrieb hingeben können.

Doch die Uhr des Sich-Verlierens kann stehen bleiben. Zu Hause enden Entdecken und Gestalten nicht selten vor dem Fernseher oder Computer. Für das »Sich-verlieren-Können« braucht es Zeit und Raum. Manche Kinder schaffen sich diese Welt selbst. Viele andere brauchen jedoch Menschen, die ihnen den Weg dorthin zeigen. Diese Wegweiser können uns das ganze Leben über begleiten – mancher entdeckt erst im Rentenalter seine Hingabe für das Rosenzüchten. Am einfachsten ist es aber, wenn diese Hingabe in jungen Jahren entdeckt und gefördert werden kann, damit sie ein Glücksbringer im Leben der Menschen bleiben kann.

■ ■ ■ Darüber müssen wir reden

Endres: Pflichterfüllung vermittelt mir bisweilen ein sehr gutes Gefühl. Ein Beispiel: Früher, als wir noch eine sehr kleine Unternehmung mit etwa 30 Mitarbeitern waren, bin ich gerne samstags in die Firma gegangen, um Angebote zu sortieren. Danach lagen fünf riesige Stapel herum – alles sortiert, eingetütet und zum Versand bereit. Reine Pflichterfüllung und wenig kreativ, aber äußerst befriedigend.

Hüther: Was war daran so befriedigend?

Endres: Es war fast meditativ, sich damit zu beschäftigen. Und ich konnte direkt ein Ergebnis sehen. Bei meinem Nachbarn, einem Landwirt, habe ich damals gelegentlich geholfen, das Feld zu beackern. Es ist natürlich nicht besonders aufregend, auf dem Traktor zu sitzen und mit immer gleicher Geschwindigkeit die Furchen zu ziehen – aber es ist äußerst befriedigend, das Ergebnis zu sehen.

Hüther: Zum Glück verfügt jeder Mensch nicht nur über unterschiedliche Fähigkeiten, sondern er verfügt auch über unterschiedliche Ebenen, bei denen sich Zufriedenheit, vielleicht sogar ein Glücksgefühl, einstellt. Allgemein kann man sagen, dass wir eine Aufgabe dann als erfüllend empfinden, wenn wir das, was wir besonders gut können – und wofür wir im Idealfall auch ausgebildet wurden –, bearbeiten dürfen. Einen zusätzlichen Schub gibt es, wenn wir uns als Teil einer Gemeinschaft fühlen dürfen. Als jemand, der zum Wachstum dieser Gemeinschaft beiträgt. Pflichterfüllung wird dann zur Arbeit, die man mit Lust verrichtet. In einem Sängerchor etwa wird der Bass weniger das Gefühl haben, dass er nur seine Pflicht erfüllt. Er nimmt diesen Platz ein, weil er einer der wenigen ist, der diese Tonlage singen kann. Und natürlich ist er sich bewusst, dass der gesamte Chor ohne sein Talent nicht klingen wird. Insofern kann er sich auch mit der Übernahme dieser Aufgabe identifizieren.

Endres: Ich schätze die Pflichterfüller, die zuverlässig und gut ihre Arbeit machen. Wir brauchen sie. Die Leistung dieser Kollegen stellt für mich einen wichtigen Beitrag zum Erfolg des Unternehmens dar. Wenn diese Pflichterfüllung von diesen Mitarbeitern zudem als erfüllend wahrgenommen wird, haben wir einen Idealzustand erreicht.

Hüther: Ich glaube, dann reden wir nicht mehr von Pflichterfüllung, sondern davon, dass ein Mensch in einem sozialen System oder in einem Unternehmen seinen Platz gefunden hat. Dort kann er fortan mit Hingabe das Thema behandeln, das ihm am Herzen liegt. In Ihrer Terminologie: Der Profit für das Unternehmen wird umso größer, je mehr Menschen mit Begeisterung und Leidenschaft an ihre Arbeit gehen.

Endres: Deswegen ist es eine meiner Hauptaufgaben, Menschen zu begeistern – daraus resultiert der Profit.

Hüther: Wobei im Begriff Begeisterung auch etwas Überschäumendes steckt. Wenn Sie einen Wunsch sehr lange unterdrückt haben und dann seine Umsetzung erleben dürfen, ist die Begeisterung groß. Je größer der Druck, desto stärker entlädt sich der Kessel. Dieser Überdruck, der sich eruptiv entlädt, kann aber auch zerstörerische Formen annehmen.

Endres: Dass ich Begeisterung zügeln muss, kommt im Unternehmen allerdings selten vor.

Hüther: Denken Sie nur an Phänomene wie die randalierenden Fans eines Fußballklubs. Hier wird schnell deutlich, dass Begeisterung auch schädlich sein kann. Deshalb bevorzuge ich ein Wort, das etwas gedämpfter ist und gleichzeitig verdeutlicht, dass diese Leidenschaft länger anhaltend ist: Hingabe.

Endres: Als Firmenchef stelle ich mir fast jeden Tag die Frage, wie ich bei meinen Mitarbeitern Leidenschaft für das wecken kann, was sie täglich tun müssen. Dafür braucht es Begeisterung, die ich am Leuchten in den Augen erkennen kann. Selbstverständlich wird kein Mensch dauerhaft dieses Leuchten ausstrahlen können. Ich brauche kurzfristige Begeisterung, dann ist langfristig auch

Hingabe möglich. Für Hingabe braucht es aus meiner Sicht aber noch einiges mehr: etwa Identifikation. Wer auf Dauer mit Hingabe arbeiten will, muss sich mit den Werten und Idealen des Unternehmens identifizieren können.

Hüther: Das reicht mir nicht, um diese Hingabe zu wecken. Erstens muss ich etwas davon verstehen, bevor ich mich für etwas begeistern oder mich einer Sache hingeben kann. Zweitens muss ich das Gefühl haben, dass ich etwas gestalten kann. Und drittens muss es für mich einen Sinn ergeben. Interessant ist, dass alle drei Faktoren zusammenkommen müssen, damit Hingabe entstehen kann. Wenn ich etwas nicht verstehe, es aber gestalten kann, ist es nicht sehr erfüllend. Wenn ich etwas verstehe und es auch gestalten kann, es aber keinen Sinn ergibt, ist es nicht erfüllend. Die drei Faktoren entsprechen übrigens den sogenannten salutogenetischen Grundregeln. Aaron Antonovsky hat diese Grundregeln, die uns helfen, gesund zu bleiben, vor etwa zwei Jahrzehnten entwickelt: Verstehbarkeit, Gestaltbarkeit und Sinnhaftigkeit. Auf einen Nenner gebracht: Alles, was dazu beiträgt, unsere Talente und Begabungen zu entwickeln, ist offensichtlich identisch mit dem, was uns gesund hält.

Endres: Nicht einfach in einem Unternehmen. Idealerweise wollen alle Mitarbeiter verstehen können, was warum passiert. Das kann Kommunikation vielleicht noch leisten, wobei ich mich längst von dem Glauben verabschiedet habe, dass wir so kommunizieren können, dass es jeder versteht. Nehmen wir an, ich hätte diese Hürde genommen. Dann geht es im nächsten Schritt darum, zu vermitteln, auf welche Weise jeder Einzelne seinen Beitrag zur Entwicklung des Gesamtunternehmens leisten kann. Wir versuchen es, indem wir den Mitarbeitern ihren persönlichen Anteil an der Strategie verdeutlichen. Eine Herkulesaufgabe, die wahrscheinlich nur in Unternehmen bis zu einer bestimmten Größe zu bewältigen ist.

Hüther: Ja, gerade deshalb braucht es auch noch ein höheres Ziel. Dem Mitarbeiter in einer Stadtverwaltung reicht es mit Sicherheit nicht aus, sinnstiftend zu wissen, ob das Jahresbudget ausgeglichen ist oder das Minus geringer ausfallen wird. Er braucht eine andere Identifikationsfläche. Was eine ganz andere Wirkung auf ihn hat, wenn er weiß, dass er für eine ökologisch orientierte Gemeinde arbeiten darf oder für eine, die sich in ganz besonderem Maße für die Rechte älterer Menschen einsetzt. So kann er sein Tun in etwas Größeres einbetten.

Endres: Selbst wenn ich es verstanden habe, Gestaltungsspielräume habe und einen Sinn erkennen kann, braucht es für mich noch einen letzten Faktor: mein Gegenüber. Ich bin jemand, der selbst unmögliche Themen angeht, wenn es nur jemanden gibt, der mich für dieses Thema begeistern kann. Deshalb brauche ich begeisterte Führungskräfte, die im Idealfall mit Hingabe für die Firma arbeiten. Das muss nicht unbedingt der idealtypische Verkäufer sein, der mich begeistert. Es gibt auch ganz stille Kollegen, die mich dadurch beeindrucken, dass sie jahrelang gute Arbeit machen, dass sie andere Kollegen für ein Thema gewinnen und mit Hingabe arbeiten. Aber natürlich findet man in Unternehmen auch die andere Seite: die Entgeisterung. Ich halte mich selbst für einen Schatzsucher, der versucht, auch in der schwierigsten Situation das Gute zu sehen. Insbesondere wenn einem der Vorgesetzte die Entlassungspapiere überreicht, ist dieser Optimismus nicht einfach aufrechtzuerhalten. Und natürlich führen Geschwindigkeit, Erwartungsdruck und Konkurrenzkampf vielfach dazu, dass es in den Führungsetagen deutlich mehr Frustrierte als Begeisterte gibt – ohne dass die Einzelnen es wollen und merken. Stellt sich die Frage, wie ich damit umgehe. Das Spektrum reicht meines Erachtens von Ignorieren über Wut bis dahin, etwas Gutes darin zu suchen.

Der Topmanager sagt:

- Pflichterfüllung kann Spaß machen. Pflichterfüller leisten einen sehr wichtigen Beitrag zum Unternehmenserfolg. Wenn die Pflichterfüllung von diesen Mitarbeitern als erfüllend wahrgenommen wird, haben wir einen Idealzustand erreicht.

- Meine Aufgabe als Führungskraft ist es, Mitarbeiter zu begeistern. Wenn die Identifikation mit dem Unternehmen hinzukommt, entstehen nachhaltige Hingabe und Leidenschaft. Diese setzen – Gestaltungsspielräume vorausgesetzt – ungeahnte Kreativität und Hochleistungsenergie frei.

- Entgeisterung entsteht durch frustrierte Führungskräfte. Sie sind der Hauptgrund für schwache Leistungen in einer Firma.

Der Gehirnforscher sagt:

- Wer mit Freude bestimmte Aufgaben übernimmt und sie so gut wie möglich ausführt, erlebt sich nicht als Pflichterfüller, sondern als eigenverantwortlicher Gestalter.

- Die Steigerungsformen der positiven emotionalen Aufladung dessen, womit sich jemand beschäftigt, heißen: Freude, Leidenschaft und Begeisterung.

- Hingabe ist derjenige positive emotionale Zustand, der weniger auf das Ergebnis einer Tätigkeit ausgerichtet ist, sondern sich stärker auf den Prozess bezieht, der das Ergebnis hervorbringt.

■ ■ ■ ... und wie kann man Hingabe und Leidenschaft in der Bildungspraxis fördern?

Es ist ein herausragendes Gefühl, seine Fähigkeiten in ein größeres Ganzes einbringen zu können. Und parallel die Erfahrung zu machen, dass es sowohl die Gemeinschaft als auch den Einzelnen zu Höchstleistungen motiviert. So entsteht Leidenschaft. Eine solche Erfahrung bietet etwa das Singen im Chor. In deutschen Grundschulen ist die frühmusikalische Bildung leider in den Hintergrund getreten. Um allen Kindern einer Klasse kostenlos das Erlebnis des gemeinsamen Singens zu ermöglichen, hat der Städtische Musikverein zu Düsseldorf die Initiative SingPause ins Leben gerufen. Ziel dieser Initiative ist vor allem die Vermittlung musikalischer Grundlagen wie Stimm-, Gehör- und Rhythmusschulung. Als positiven Nebeneffekt lernen die Kinder noch eine Fülle von Liedern kennen. Angeleitet werden sie von ausgebildeten Sängern, die zweimal wöchentlich für jeweils 20 Minuten in die Schulklassen kommen. Während der SingPause bleiben die Grundschullehrer als Teil des Chors im Klassenraum und singen gemeinsam mit den Schülern. So teilen sie mit ihren Schülern das Gefühl, gemeinsam etwas zu schaffen, das alle Beteiligten im besten Sinne zusammenbringt.

Dieses als Ward-Methode bekannte Vorgehen wurde von der Musikpädagogin Justine Bayard Ward für den Musikunterricht von Grundschulkindern entwickelt. Die Ward-Methode arbeitet mit der »relativen Solmisation«, mit der die Verhältnisse der Tonhöhen zueinander bezeichnet werden (do, re, mi, fa, so, la, ti). Das Ziel der SingPause: bei den Kindern Freude und Begeisterung für das Singen und Musizieren wecken und gleichzeitig gesunde, klangschöne Stimmen, musikalische Selbständigkeit, innere Klangvorstellungen und ein stabiles Rhythmusgefühl erreichen.

Die SingPause findet derzeit an 58 Düsseldorfer Grundschulen statt. Sie fördert alle Kinder von der ersten bis zur vierten Klasse und wird unkompliziert in jedem Klassenraum durchgeführt. Außer der Stimme wird kein weiteres Musikinstrument benötigt.

 Wie SingPause auf Hingabe und Leidenschaft einzahlt, erfahren Sie hier.

Erkenntnis 3:

Regelkonformität ist gut.

→ **Verantwortungsgefühl und Engagement sind besser!**

■ ■ ■ Was wir wissen

Es gibt kaum ein Unternehmen in Deutschland, in dem sich die Geschäftsleitung keine Gedanken darüber macht, wie es nicht nur wirtschaftlich agieren kann, sondern auch, nach welchen Werten das Unternehmen geführt werden soll. Wirtschaftsethik hat Hochkonjunktur. Rainer Erlinger, der im Magazin der *Süddeutschen Zeitung* jede Woche eine Gewissensfrage beantwortet, unterscheidet innerhalb dieses Bereichs zwei Ansätze, wie ethische Grundsätze in der Praxis umgesetzt werden: Compliance und Integrity.

Der Unterschied ist greifbar: Beim Compliance-Ansatz werden möglichst detaillierte Regeln vorgegeben, deren Einhaltung streng überwacht wird. Es wird also von der Annahme ausgegangen, dass ein Mitarbeiter potenziell falsch handeln und davon nur durch Regeln, Überwachung und Strafen abgehalten werden könne. Der Integrity-Ansatz hingegen zielt auf die gemeinsamen Werte des Unternehmens und darauf, dass die Mitarbeiter sich selbst zu diesen Werten bekennen und danach handeln. In dieser Denkfigur wird den Mitarbeitern vertraut, und die Geschäftsleitung bemüht sich, das richtige Verhalten zu fördern. Natürlich kommt auch dieser Ansatz nicht ohne Regeln aus, so müssen selbstverständlich die Einhaltung von Gesetzen und die Verhinderung von Straftaten geregelt sein. Dennoch werden die Mitarbeiter überwiegend als eigenverantwortliche Individuen behandelt.

Das Faszinierende ist, dass die Mitarbeiter diese Freiheit nicht ausnutzen, sondern angstfrei Entscheidungen treffen. Sie übernehmen Verantwortung, weil sie wissen – bisweilen auch spüren –, dass ihnen vertraut wird. Passieren Fehler, drohen bei den Kontrolleuren drakonische Strafen. Bei jenen, die auf Eigenverantwortung setzen, wird statt Strafe ein klärendes Gespräch gesucht. Die Konsequenz: Das Unternehmen kann insgesamt besser auf Veränderungen reagieren als mit einem starren Regelgeflecht.

Es braucht noch eine weitere Facette, um Verantwortung zu übernehmen und Engagement zu zeigen. Es muss zu einer Aktivierung der emotionalen Bereiche in unserem Gehirn kommen. Ein Ereignis oder die Erlebnisse von Mitmenschen müssen uns hinreichend tief unter die Haut oder ins Herz gehen.

Das passiert nicht, wenn man sich nur Gedanken über andere macht – es ist notwendig, zu fühlen, was sie empfinden. Es braucht Empathie. Dann lassen sich im Frontalhirn selbst lange gepflegte Einstellungen und Haltungen aufbrechen und Lebensweisen verändern. Die Folge: Wir übernehmen Verantwortung für uns und für andere.

Kleine Kinder verfügen übrigens über ein beeindruckendes Maß an Empathie: Sie spüren genau, wann es der Mama nicht gut geht. Selbst dann, wenn die Mama so tut, als sei alles in Ordnung. Mitgefühl ist etwas, was wir nicht lernen müssen. Wir müssen nur dafür sorgen, dass es nicht verloren geht. Keine einfache Aufgabe, schließlich deutet vieles darauf hin, dass es leichter ist, diese besondere Begabung zu verlieren, als sie zu erhalten. Es ist ein Schutz, nicht mit allem und jedem mitfühlen zu müssen – wenn täglich Nachrichten menschlichen Elends aus aller Welt auf uns einprasseln. Die Gefahr ist jedoch, dass dieser Schutz unsere Empathie vollkommen erlahmen lässt.

Wer fordert, sich an Grundwerten zu orientieren, und nicht für jedes Verhalten eine Regel aufstellen will, muss Orientierung geben. Diese entsteht bei Heranwachsenden nicht zuletzt durch gesicherte emotionale Beziehungen zu den Menschen in der nächsten Umgebung. Fehlt diese Bindung, verlieren sie den Halt. Wachsende Aggressivität, die Zunahme von Lern- und Verhaltensstörungen und der sich ausbreitende Drogenkonsum könnten erste Warnzeichen sein. Denn das soziale Beziehungsgefüge wird brüchiger. Oft mangelt es an emotionaler Zuwendung und Feinfühligkeit, an vielfältigen Anregungen und einer angemessenen Grenzziehung. Die Folge: Kinder flüchten in eine verstärkte Selbstbezogenheit.

Die große Gefahr: Kinder ohne sichere emotionale Bindungen machen keine neuen Erfahrungen. Wichtige Entwicklungsprozesse im kindlichen Gehirn finden nicht mehr oder nur eingeschränkt statt. Studien zeigen, dass dies mit massiven Problemen verbunden ist: Sie verstehen, behalten und erinnern sich an deutlich weniger Stoff als vergleichbare Kinder mit festen Bindungen. Sie erkennen deutlich seltener Zusammenhänge und sind erheblich weniger fähig, Konflikte zu erkennen und zu lösen.

Gelingen Empathie und werden Freiraum und emotionale Bindung gewährt, dann sind Menschen fest und sicher in ihrer jeweiligen Lebenswelt verankert. Sie zeichnen sich dadurch aus, dass sie in sich ruhen. Sie sind mit sich selbst und allem, was sie umgibt, fest verbunden. Sie bleiben offen für alles, was es zu entdecken und zu gestalten gibt. Regeln hemmen sie und werden infrage gestellt – damit sie und andere vorankommen. Sie setzen sich mit sehr viel Engagement und enorm verantwortungsvoll für alles ein, was ihnen am Herzen liegt.

Pippi Langstrumpf ist ein solches Kind, ebenso wie Mark Twains Tom Sawyer und Huckleberry Finn und bis heute viele andere, die man in Kindergärten und Schulen treffen kann. Sie wirken nicht nur kompetenter als andere Kinder, sie sind auch umsichtiger und verantwortungsbewusster – weil sie Regeln kennen und beachten, aber sie auch immer wieder hinterfragen und im Zweifel sogar lustvoll missachten.

Vor diesen Kindern fürchten sich später Unternehmen, obwohl sie sie dringend benötigen: Freigeister, die engagiert infrage stellen, was hemmt, und die flexibel genug sind, über den Tellerrand hinauszuschauen und Impulse für Ideen und Wachstum zu geben.

■ ■ ■ Darüber müssen wir reden

Endres: In meiner Wahrnehmung gibt es zwei grundsätzliche Richtungen, die den Weg weisen, wie ich mit Menschen umgehen kann. In bestem Deutsch lauten sie Integrity und Compliance. Verfolge ich den Ansatz von Compliance – bitte nicht verwechseln mit den Compliance-Regelungen in Unternehmen –, gehe ich davon aus, dass es am besten ist, das Verhalten mit Regeln und Vorschriften zu steuern. Das Problem ist nur: Immer wenn ich eine neue Regel aufgestellt habe, werde ich in kurzer Zeit eine weitere benötigen. Denn die Menschen sind sehr kreativ darin, Schlupflöcher in einem Regelwerk zu finden und für sich zu nutzen. Verfolge ich indessen den Integrity-Ansatz, gehe ich davon aus, dass die Menschen sich zwar an Rahmenbedingungen wie die Zehn Gebote halten müssen, ansonsten aber eigenverantwortlich handeln. Auf das Unternehmen übertragen bedeutet das, dass ich die gemeinsamen Leitplanken, Haltungen und Werte vorgebe. Ich bin mittlerweile der festen Überzeugung, dass Unternehmen, die ausschließlich auf die Einhaltung von Regeln konzentriert sind, ihre Kraft vergeuden und somit das Gegenteil von Kreativität erleben: den Stillstand.

Hüther: Es braucht auf jeden Fall Rahmenbedingungen, die ein soziales System stabilisieren. Aber wie beim Fußball hilft es nicht, dass ich nur zwei Standbeine habe – es braucht auch ein Schussbein. Nur mit ihm kann ich richtig Tore schießen. Jedes lebende System ist vor die Aufgabe gestellt, sich zu stabilisieren und gleichzeitig weiterzuentwickeln. Das ist das große Dilemma, in dem sich jeder Einzelne und auch jede Gesellschaft befindet.

Endres: Gesunder Menschenverstand und eine gewisse Beobachtungsgabe reichen meist aus, um die größten hemmenden Regeln beseitigen zu können.

Hüther: Im schlimmsten Fall muss man eine Fehlentwicklung hinnehmen. Ein zu starres Regelwerk führt in jedem sozialen System vor allem zu einem Problem: Es gibt keine Innovation. Überdies geht den Menschen die Initiative verloren – denn wieso soll ich mich um etwas kümmern, wenn es keinen Nutzen hat, wenn ich es noch nicht mal darf oder wenn ich noch nicht einmal zur Verantwortung gezogen werde?

Endres: Manchmal braucht es sogar eine punktuelle Missachtung von Regeln. Selbstverständlich gibt es in fast jedem Unternehmen klare Vorgaben, wie man Investitionen rentabel gestalten muss. Wenn man allerdings Produkte entwickeln will, die es vorher so noch nie gab, ist es nicht ganz einfach, sinnvolle Businesspläne aufzustellen. Zum Beispiel haben wir einer kleinen Mannschaft die Aufgabe gegeben, für das Thema mobile Internetnutzung Ideen zu entwickeln, umzusetzen und zu testen. Dafür haben wir ein Budget zur Verfügung gestellt, das die Mitarbeiter ohne Entwicklung eines detaillierten Businessplanes einsetzen konnten. Natürlich übernimmt diese Gruppe die Verantwortung dafür, dass sie ein erfolgreiches Ergebnis produziert. Aber als Abweichung von der Regel muss sie nicht im Vorfeld das Ergebnis oder den exakten Break-even prognostizieren.

Hüther: Das ist eine wunderbare Strategie, wie man Stabilität und Fortschritt vereinen kann. Einen ähnlichen Impuls bräuchte es auch für die Schulen. Für Schulen, die es ganz anders machen dürfen. Dort, wo diesbezüglich nur wenig Freiheit herrscht, wird sofort sichtbar, wie viel Engagement bei Schülern, Lehrern und Eltern freigesetzt werden könnte.

Endres: Brauchen wir dafür nicht Menschen, die Verantwortung für die Felder übernehmen, die vielleicht noch nicht geregelt sind?

Hüther: Genau. Es muss einerseits Menschen geben, die auf die Einhaltung von Regeln achten. Andererseits braucht es mutige, kreative Köpfe, die es wagen, die Vorschriften infrage zu stellen.

Endres: Entscheidend ist für mich auch das Thema Verantwortung. Also Konsequenzen für das zu übernehmen, was ich mache oder auch unterlasse. Außerhalb des Berufslebens ist das recht eindeutig: Wenn ich das Fenster auflasse, bin ich verantwortlich, dass es unter Umständen ins Haus regnet. In Unternehmen ist die Angelegenheit nicht ganz so einfach: Wenn ich einem Mitarbeiter eine Aufgabe übertrage, von der ich weiß, dass er im Falle des Versagens das Unternehmen verlassen muss, habe ich etwas falsch gemacht. Deshalb werde ich die Verantwortung für ihn von vornherein eingrenzen, weil ich an die Ergebnisse und Konsequenzen denke. Im Rahmen seiner Teilverantwortung erwarte ich aber drei Konsequenzen von diesem Mitarbeiter: Er muss erstens sein Bestes geben. Scheitert er zweitens dennoch, muss er eine Begründung dafür liefern. Und schließlich muss er drittens die Konsequenz ziehen, beim nächsten Mal den Fehler nicht zu wiederholen.

Hüther: In Ihrer Funktion als Vorstandschef waren Sie in der letzten Konsequenz für alles verantwortlich. Wie gehen Sie damit um?

Endres: Ich war mir der Verantwortung bewusst. Ich sah mich als Unternehmenslenker in der Pflicht, dafür zu sorgen, dass meine Mitarbeiter einen Arbeitsplatz haben und dadurch ihr privates Umfeld stabilisiert ist. Das klingt einfach, ist aber im täglichen Arbeitsleben äußerst schwer zu realisieren – nicht selten spürte ich die Last dieser großen Verantwortung. Denn es ist und bleibt eine der schwierigsten Aufgaben, für betroffene Mitarbeiter adäquate Lösungen zu finden. Gleichwohl drückt mich die Verantwortung nicht so sehr, wenn das Umfeld stimmt und meine Aufgaben –

und damit natürlich auch die Verantwortung – nach menschlichem Ermessen zu bewältigen sind.

Hüther: Dennoch ist die durchschnittliche Verweildauer von Vorstandsvorsitzenden in Deutschland mit 6,2 Jahren nicht gerade lang.

Endres: Leider kommt es immer wieder vor, dass Topmanager eingestellt werden, einen Unmöglichkeitsauftrag erhalten und das Unternehmen früh wieder verlassen müssen, weil sich der Erfolg nicht einstellt. Das ist wirklich ein dummes Spiel. Allerdings muss man auch fragen, warum Manager immer wieder bereit sind, dabei mitzuspielen – denn für diese Logik braucht es immer zwei Seiten. Im Normalfall kann ich aber als Vorstandsvorsitzender ein Unternehmen weder ruinieren noch alle Erfolge für mich allein proklamieren. Beides ist ein Gemeinschaftsergebnis, das alle mitverantworten. Mit einer Ergänzung: Für die Verantwortung in der letzten Konsequenz erhalte ich als Vorstandchef einen »Risikoaufschlag«. Sollte ich kurzfristig das Unternehmen verlassen müssen, sorgt er dafür, dass ich eine Weile gut zurechtkomme.

Hüther: Es ist wichtig, sich klarzumachen, dass sich hinter dem Begriff Verantwortung zwei Dimensionen verbergen, die Sie gerade implizit angesprochen haben. Zum einen geht es um das Verantwortungsgefühl des Einzelnen, zum anderen um die gesellschaftliche Aufgabe, Zuständigkeiten zu verteilen. Wir wünschen uns Menschen, die aus sich heraus das Bedürfnis entwickeln, Verantwortung zu übernehmen. Neurobiologisch betrachtet ist das allerdings nur möglich, wenn mir etwas am Herzen liegt. Ich werde keine Verantwortung für etwas übernehmen, wenn es mir egal ist. Ein schönes Beispiel sind Kinder, die Verantwortung für ein Haustier übernehmen. Sie tun es ohne große Übertragung einer Pflicht, sondern weil sie sich mit dem Tier verbunden fühlen.

Endres: Und wenn ich Verantwortung für mich selbst übernehmen will, was sollte mir dann am Herzen liegen?

Hüther: In der Bibel heißt es: »Liebe deinen Nächsten wie dich selbst.« Die erste Hälfte des Satzes versuchen viele zu leben, um die Eigenachtung ist es meist schlechter bestellt. Wer jedoch mit sich selbst nicht verbunden ist, kann keine Verantwortung für sich übernehmen. Das ist die einfache Erklärung, warum man Zuständigkeiten definieren muss. Wer sich beispielsweise nicht mit der Natur verbunden fühlt, wird vermutlich auch keinen Müll trennen. Das funktioniert nur, wenn sich jemand darum kümmert – weil er sich dann verbunden und nicht nur zuständig fühlt.

Endres: Wie kann diese Verbundenheit geschaffen werden?

Hüther: Eine schwierige Frage. Verbundenheit entsteht zu Themen, die mich bewegen und mir wichtig sind. Diese Beziehung entsteht aufgrund individueller Erfahrungen. Ein Beispiel: Von außen betrachtet erscheint es selbstverständlich, dass sich in einem Krankenhaus alle für die Sauberkeit in einem OP verantwortlich fühlen. Die Realität sieht aber häufig anders aus. Deshalb gibt es Pläne, welche die Zuständigkeiten regeln sollen. Die Folge: Es passieren Fehler. Wenn Sie hingegen einen Kümmerer haben, der ein inneres Bedürfnis nach reibungslosen Abläufen hat, werden Sie wahrscheinlich viel weniger ein Problem mit der Nachlässigkeit haben. Seine innere Verbundenheit treibt ihn an, die beste Leistung für die OP-Mannschaft zu erbringen.

Endres: Klingt plausibel. Aber selbst wenn ich einen Kümmerer identifiziert habe, kann ich nicht genau beurteilen, welchen Wert dieses Kümmern für ein Unternehmen hat.

Hüther: Das ist richtig. Kümmern ist ein Geschenk. Der dahinter stehende Mensch zieht sein Selbstwertgefühl genau daraus, dass er ein Kümmerer ist. Falls etwas misslingen sollte und man ihn dafür bestraft, wird er sofort sein Kümmern beenden. Aus seiner Sicht hat er alles inklusive Herzblut gegeben. Er handelt engagiert, weil er vom Sinn seines Tuns tief überzeugt ist. Er braucht auch keine Vorschriften, sondern nur Freiheit.

Endres: Sie beschreiben damit genau, wie sich ein Manager seinem Unternehmen gegenüber verhalten sollte: hohe Verbundenheit mit der Firma und ein Engagement, das über die reine Pflichterfüllung hinausgeht. Etwas, ohne das zum Beispiel Familienunternehmen gar nicht existieren könnten.

Hüther: In der Familie treffen wir auf dasselbe Phänomen. Aber lassen Sie mich vorher noch eines verdeutlichen: Kümmern ist zwar die Königsdisziplin, aber es braucht klar geregelte Verantwortlichkeiten. Bei uns in der Familie bin ich etwa für das Rasenmähen zuständig. Das bedeutet jedoch nicht, dass ich mich darum aus großer Verbundenheit dem Rasen gegenüber kümmere. Ich übernehme vielmehr die Zuständigkeit aus dem Verbundenheitsgefühl zur Familie. Vor allem, weil ich möchte, dass wir alle in einem Umfeld leben, das uns guttut. Dazu zählt auch ein gepflegter Rasen, auf dem die Kinder spielen können. Allerdings fällt es vielen offenbar leichter, sich mit der Familie – und selbst dem Rasenmähen – verbunden zu fühlen als mit den Abläufen im Unternehmen.

Endres: Aber es gibt auch diese Menschen. Denken Sie etwa an die Bergbauern, die rund um meinen Heimatort leben. Sie sind traditionell nicht nur mit der Familie verbunden, sondern auch mit der Geschichte des Hofes und mit der Verpflichtung, ihn in gutem Zustand an die nächste Generation weiterzugeben. Alle sind Kleinunternehmer.

Hüther: Verbundenheit funktioniert wahrscheinlich eher in kleinen Einheiten, bei größeren dürfte es schwierig werden. Wie sehen Sie das?

Endres: Eines kann ein Konzern mit Sicherheit nicht leisten, was aber für mich zum Thema Verbundenheit untrennbar dazugehört: die Sicherheit eines lebenslangen Verdienstes. Ein Bauer hingegen übernimmt den Bauernhof und weiß, dass er lebenslang eine Beschäftigung haben wird. Wenn ich ein Kind in die Welt setze, bin ich ein Leben lang der Vater – ob ich will oder nicht. Idealerweise übernehme ich ein Leben lang auch Verantwortung für dieses Kind. Das lässt sich aber nicht eins zu eins in die Welt der Unternehmen übertragen. Ganz ehrlich: Für eine lebenslange Arbeitsplatzgarantie fehlt selbst mir die Fantasie.

Hüther: Ein Verbundenheitsgefühl mit einer Gemeinschaft entsteht dann, wenn ich mich in dieser Gemeinschaft als bedeutsam erlebe – weil ich mich entsprechend meinen Talenten und Begabungen einbringen kann. Gleichzeitig bin ich mir bewusst, dass die Leistung dieser Gemeinschaft nur als Gemeinschaft möglich ist und nicht nur durch mich oder andere Einzelpersonen. Wir nennen es eine individualisierte Gemeinschaft. Sie bietet dem Einzelnen die Möglichkeit, sich einzubringen, wenn er etwas für die Gemeinschaft Bedeutendes beizutragen hat. Das wird dann horizontal weitergegeben und im Erfolgsfall später auch den nächsten Generationen überliefert. Diese menschliche Gemeinschaft ist weder eine Herde noch ein Ameisenstaat oder Schwarm. In Herden gibt es einen Anführer. Den Vergleich mit dem Ameisenstaat ziehen wir gerne, wenn wir das Gefühl haben, als Einzelner wird man nicht gesehen. Und es gibt auch Phasen in der gesellschaftlichen Entwicklung, in denen die Verbundenheit zwischen den Menschen so weit schwindet, dass sie sich als Schwarm organisieren.

Endres: Gibt es aus Ihrer Sicht die Chance, eine starke Verbundenheit innerhalb eines kurzen Zeitraums zu realisieren?

Hüther: Wenn das gemeinsame Ziel klar formuliert und stark wirksam ist, dann entsteht Verbundenheit.

Endres: Aber diese Verbundenheit hat meiner Erfahrung nach eine andere Qualität, als wenn ich mit jemandem zehn Jahre zusammenarbeite.

Hüther: Ich stimme zu. Bei menschlichen Gemeinschaften gibt es eine Art von Verbundenheit, die auf Druck von außen erzeugt wird. So bilden sich Not-, Zwangs- und Zweckgemeinschaften. Das Interessante: Wenn sie ihr Ziel erreicht haben, fallen sie auseinander. Wir kennen das: Als die Oder-Flut vorbei war, brauchte es keine Solidarität mehr. Wenn ein Diktator vertrieben ist, braucht es keinen Widerstand mehr. Dauerhafter wirkt ein inneres Band, das eine Gemeinschaft verbindet und auch dann noch hält, wenn der äußere Druck weg ist. Was können solche Bänder sein? Rituale, gemeinsame Identität, eine gemeinsame Marke oder eine gemeinsam getragene Kultur. Dafür braucht man Geschichtenerzähler, die übersetzen können. Ferner muss es Kümmerer und Clowns geben, Letztere, weil sie mit Humor das Ganze zusammenhalten. Das gilt für Schulen und Gemeinden ebenso wie für Unternehmen. Wenn Firmen das erreichen, sind sie unabhängig von den momentanen wirtschaftlichen Gegebenheiten.

Endres: Mein Dilemma als Unternehmenslenker ist klar: Der lebenslange Job in einem Unternehmen ist kein tragfähiges Modell mehr. Als Chef muss ich mir gleichzeitig die Frage stellen, wie ich eine größtmögliche Verbundenheit der Mitarbeiter erreichen kann, auch wenn diese in Zukunft nur noch ein Jahr in der Firma verbringen. Das ist wahrlich keine leichte Aufgabe.

Hüther: Ich finde, sie ist kaum zu bewerkstelligen. Bei einer hohen Mitarbeiterfluktuation kann man den Geist einer Firma, also das innere Band, nur schwer am Leben erhalten. Vielleicht gelingt es eine Zeit lang, indem man beispielsweise ältere Mitarbeiter als Mentoren einsetzt, um die Jungen in die Kultur des Unternehmens einzuführen. Bloß vieles, was das innere Band stärken soll, interessiert die Jungen nicht mehr. Mit der Geschichte des Unternehmens können Sie junge Mitarbeiter nicht mehr in Ihr Unternehmen locken.

Endres: Andererseits beobachte ich gerade, dass es in der digitalen Geschäftswelt Menschen gibt, die sich für kurze Zeit für ein Thema zusammenfinden – früher hätten wir Projektstruktur gesagt. In diesen Teams herrscht eine Verbundenheit, die sehr nahe an das heranreicht, was ich mir für ein Unternehmen wünsche.

Hüther: Das sind besondere Menschen. Kann es vielleicht sein, dass diese Gruppe für die Zeit ihres Miteinanders ein anderes inneres Band zusammenhält?

Endres: Ja, denkbar. Ein solches Band ist auch fühlbar in anderen Gemeinschaften, etwa jenen, die sich um Themen wie Nachhaltigkeit bemühen. Es scheint mir sehr belastbar zu sein.

Hüther: Lassen Sie uns noch mal das Beispiel Krankenhaus in Betracht ziehen. Chefarzt bis Krankenpfleger sollten doch beseelt sein, Menschen wieder gesund werden zu lassen. Diese gemeinsame Überzeugung müsste alle dazu bringen, jeden Tag gerne zur Arbeit zu gehen und zum täglichen Gelingen beizutragen. Wird diese Haltung aber gering geschätzt, schleicht sich ganz schnell eine andere ein. Es ist der Verwaltungsgeist, der durch die Flure strömt. Er lässt den Pfleger zur Unzeit auf die Uhr schauen und sorgt dafür, dass sich Einfallsreichtum entwickelt, sich nicht bei jobfremden Tätigkeiten erwischen zu lassen. Die Haltung nenne ich: »Hoffentlich ist bald Feierabend.« Sie hält sich beharrlich. Selbst wenn ein neuer Vorgesetzter diesen Geist vertreiben will, kann es sein, dass energischer Widerstand aus der Belegschaft kommt. Mit neuen Methoden werden Sie das nicht ändern, sondern nur mithilfe einer anderen Führungs- und Beziehungskultur. Allerdings kann keine Führungsperson einen Geist im Sinne eines gemeinsamen Wertekanons oder eines kollektiven Verständnisses anordnen.

Endres: Anordnen bestimmt nicht, aber wenn ich über die Zielsetzung des neuen Verständnisses spreche, mache ich klar, was ich erwarte. Dann geht es darum, dieses Verständnis einzuüben. Irgendwann werden Sie feststellen, dass dieses Krankenhaus eine andere Kultur als ein anderes Krankenhaus hat. Es ist ein großer Irrtum, zu glauben, dass wir so einfach eine Kultur verändern können – veränderbar sind lediglich Regeln, die Kommunikation, die Art der Zusammenarbeit und ähnlich gelagerte Themen.

Hüther: Ich glaube, dass wir ein unterschiedliches Verständnis von Kultur haben. Für Sie ist Kultur durch Maßnahmen veränderbar. Nach meinem Verständnis ist Kultur das Ergebnis einer bestimmten Haltung, auf deren Basis man miteinander arbeitet.

Endres: Welche wiederum durch das eigene Verhalten, durch den Umgang miteinander und durch Vorbilder entstanden ist.

Hüther: Stabilisiert durch diese Art von Erfahrung.

Endres: Genau, wobei die Frage bleibt, wer oder was als Stabilisator fungiert.

Hüther: Am Anfang ist es das gemeinsame Ziel. Start-up-Unternehmen haben – egal ob privatwirtschaftlich oder gemeinnützig aufgestellt – ein gemeinsames Ziel. Dieses Ziel bestimmt die Erfahrungen, woraus wieder eine Haltung entsteht. Damit stabilisiert sich ein Geist wie im Krankenhaus, in dessen Wirkungskreis alle ihr Bestes tun, um das große Ganze voranzubringen.

Endres: Wenn Sie diese Haltung aus der Anfangszeit eines Start-ups dauerhaft durchhalten wollen, werden Sie zwangsläufig vom Markt gefegt.

Hüther: Kann gut sein. Wenn das Unternehmen wächst, geht der gute Geist allzu oft verloren.

Endres: Nein, Sie brauchen einen anderen Geist. Was bleiben kann, sind Grundhaltungen. Alles andere müssen Sie anpassen, sonst fahren Sie planmäßig vor die Wand. In einem Unternehmen mit 50 000 Mitarbeitern können Sie ausschließlich mit dem Geist aus der Gründerzeit eines Start-ups nichts anfangen. Sie brauchen ein viel breiteres Spektrum an Fähigkeiten und damit mehr unterschiedlich befähigte Menschen. Sie selbst als Firmenchef müssen bereit sein, die Verantwortung für alle Mitarbeiter zu übernehmen, und versuchen, eine Verbindung zu den gemeinsamen Werten zu schaffen. Das alles so auszubalancieren, dass in jeder Phase der Firmenentwicklung eine Höchstleistung das Ergebnis ist, ist schwierig. Dazu braucht es an der Spitze Menschen mit Klugheit, Erfahrung, Empathie und Authentizität. Und die sind selten.

■ ■ ■ Was wir behaupten

Der Topmanager sagt:

■ Regelgesteuerte Führung ist Kraftverschwendung und Stillstand. Eigenverantwortung ist Fortschritt.

■ Geben Sie Ihren Mitarbeitern Freiheit, und Sie erhalten Verbundenheit, Engagement und Verantwortungsübernahme.

■ Die Kultur einer Firma basiert auf Haltungen. Sie ist nur veränderbar als Folge von Erfahrungen. Je nach Lebenszyklusphase der Firma sind andere Haltungen überlebenswichtig. Die Kultur ändert sich also.

■ Verbundenheit mit der Firma ist die Grundlage für nachhaltiges Gelingen. Im Gegensatz zu früher muss sie heute in sehr kurzer Zeit hergestellt werden.

Der Gehirnforscher sagt:

- Wenn Regeln einen abgesicherten Erfahrungsraum schaffen, ist das gut und wirkt stabilisierend auf das Erreichte.

- Wenn Regeln Gestaltungsspielräume zu sehr einengen, beschränken sie die Möglichkeit zur Weiterentwicklung.

- Haltungen von Mitarbeitern und die Kultur eines Unternehmens erwachsen aus den dort gemachten Erfahrungen.

- Verbundenheitsgefühl erzeugt Engagement. Engagement aber kann man nicht erzeugen, nur wecken.

■ ■ ■ … und wie kann man Verantwortungs- gefühl und Engagement in der Bildungs- praxis fördern?

Warum übernehmen Menschen Verantwortung? Sie tun es dann, wenn ihnen etwas am Herzen liegt. Und sie müssen natürlich die Erfahrung machen, dass es erfüllend sein kann, für Themen oder auch andere Menschen verantwortlich zu sein. Meist fehlt es – insbesondere in Schulen – jedoch an der notwendigen Unterstützung, um diese Erfahrungen machen zu können. Bei Chancenwerk wird das möglich: Ein Student unterstützt ältere Schüler in einem Problemfach, als Gegenleistung helfen die älteren ihren jüngeren Mitschülern bei schulischen Aufgaben – eine Kaskade der Verantwortung entsteht. Der Student erhält eine Trainerausbildung in der Chancenwerk-Akademie, eine kleine finanzielle Vergütung sowie Punkte fürs Studium oder ein Ehrenamtszertifikat. Die älteren Schüler bekommen durch einen Studenten wöchentlich 90 Minuten kostenlose Nachhilfe in einem Fach ihrer Wahl. Zudem gehören zum Programm Fortbildungen zu Themen wie Rollenverständnis, Vermittlungskompetenz oder Lernstrategien. »Die älteren Schülerinnen und Schüler bezahlen nicht mit Geld für die Unterstützung, die sie bekommen. Sie müssen mit ihrer Zeit bezahlen. Um Unterstützung zu bekommen, helfen sie jüngeren Mitschülern bei den Aufgaben und beim Lernen. Sie verbringen Zeit miteinander und sind Vorbild«, erläutert Murat Vural, geschäftsführender Vorsitzender von Chancenwerk, die Idee. Im Laufe der Jahre hat sich das Projekt »SHS² – Studenten helfen Schülern & Schüler helfen Schülern« etabliert. Aktuell ist das Chancenwerk an 33 Schulen in 16 Städten und Gemeinden in Deutschland tätig. Um eine reibungslose Organisation und Kommunikation zu gewährleisten, stellt das Chancenwerk für jede Schule zudem einen Schulkoordinator ein.

 Wie Chancenwerk auf Verantwortungsgefühl
und Engagement einzahlt, erfahren Sie hier.

Erkenntnis 4:

Angepasstheit ist gut.

→ **Eigensinn und Beharrlichkeit
sind besser!**

■ ■ ■ Was wir wissen

Was zeichnet Menschen aus, die ein herausragendes Lebenswerk geschaffen haben? Beim Blick in die Biografien zeigt sich schnell, dass es weniger Schulbildung oder gar universitäre Abschlüsse waren, die diese Personen zu diesen besonderen Leistungen befähigt haben. Vielmehr waren und sind es Menschen, die sich durch etwas auszeichnen, was man in der Schule weder unterrichten noch lernen kann:

Sie wissen, was sie wollen, und verfolgen ihre Vorstellungen mit einer inneren Einstellung, die wir Beharrlichkeit nennen. Sie sind mutig, setzen sich über die Denkmuster ihrer Zeitgenossen hinweg und entwickeln ihre Ideen mit sehr viel Eigensinn. Es sind Musterbrecher und Eigenbrötler, manchmal auch ziemlich verrückte Tüftler und Erfinder, aber sie lassen sich einfach nicht von ihren Vorstellungen und Ideen abbringen – selbst wenn sie dabei gelegentlich scheitern.

Mahatma Gandhi zählt zu diesen besonderen Menschen, auch Johannes Kepler, Henry Ford und Steve Jobs. Und viele andere mehr, die wir heute für ihr Lebenswerk bewundern. Ruhm und Anerkennung waren nie das Ziel dieser schöpferischen Beharrlichen, sondern es war die Lösung eines Problems. Das sie wiederum mit größter Beharrlichkeit verfolgten. Dies ist der Unterschied zu allen Sterblichen, die sich redlich bemühen, aber nichts Großes zustande bringen. Beharrlichkeit scheint eine sehr wichtige Voraussetzung für Erfolg zu sein. Ein Erfolg übrigens, der auf eigenen Maßstäben beruht und nicht auf dem Applaus und der Zustimmung anderer.

Für Beharrlichkeit braucht es Widerstand und Reibungsfläche. Sie entsteht nicht, wenn immer alles funktioniert, wie wir es uns wünschen. Wenn wir wissen, was auf uns zukommt, weil wir in

Routinen arbeiten und leben, werden wir keine Beharrlichkeit entwickeln. Die Lösung liegt dann nur im Abarbeiten der Aufgaben, immer schön der Reihe nach.

Gerade im Wirtschaftsleben ist es allerdings notwendig, dass eine Vielzahl von Menschen diese Art von Tätigkeit ausübt. Beharrlichkeit und Eigensinn sind gefragt, wo es um den Fortbestand und die Weiterentwicklung von Unternehmen geht. Eigenschaften also, die meist bei Gründern oder Inhabern zu finden sind. Wir können gegenwärtig beobachten, dass es zunehmend Unternehmen gibt, die bewusst nach solchen Menschen suchen – nach Quereinsteigern, die nicht nur einen anderen Blick auf Prozesse haben, sondern selbst schon so viele Erfahrungen gesammelt haben, die sie zur Weiterentwicklung des Ganzen einsetzen können. Sie tun das in aller Regel beharrlich – denn die Widerstände sind quasi in der Struktur angelegt.

Über die Beharrlichkeit hinaus braucht es einen gewissen Eigensinn. Denn nur wer überzeugt ist, dass das, was er tut, richtig und Erfolg versprechend ist, wird auch Erfolg haben. Dabei ist Eigensinn nicht mit Sturheit zu verwechseln. Wer eigensinnig ist, kennt das Ziel und lässt sich dabei von vielen Menschen hilfreiche Tipps geben, wie er das Ziel erreichen kann. Wer stur ist, verrennt sich – weil er nicht auf andere hört.

Beharrlichkeit und Eigensinn sind dann gefragt, wenn es nicht so läuft, wie wir es erwarten, und wir auf Widerstände stoßen.

Es gibt nicht viele Zeitgenossen, die in diesem Sinne beharrlich sind. Für etwas gegen eine herrschende Meinung einzutreten, an etwas zu glauben, dessen Wirksamkeit man selbst sehen kann, Bestehendes infrage zu stellen – dafür braucht es viel Kraft. Und positive Erfahrungen. Für Kinder beispielsweise ist es zunehmend schwierig, solche Erfahrungen zu sammeln. Spielzeuge funktionieren – welches Kind würde heute mit einer Modelleisenbahn spielen, die aus unerfindlichen Gründen immer wieder stehen bleibt, oder mit einer Puppe, die sich nicht anziehen lässt, weil sie mal größer und mal kleiner wird, mit den Armen und Beinen strampelt oder ständig wegrennt? In der Schule geht es vielerorts nicht mehr um die Förderung eines unabhängigen Geistes, sondern um gute Zensuren. Die erreicht derjenige, der Ehrgeiz und Durchhaltevermögen entwickelt, nicht aber Beharrlichkeit.

Komplexe Fragestellungen verlangen nach Beharrlichkeit. Es braucht die Bereitschaft, Misserfolge einzustecken. Es braucht immer neue Strategien, um noch ans Ziel zu kommen. Es braucht Umwege, wenn der direkte Weg nicht zum Ziel führt. Dass wir alle diese Beharrlichkeit in uns tragen, zeigt uns einmal mehr der Blick in die Welt der jüngsten Entdecker. Kleine Kinder landen unzählige Male auf dem Hosenboden, bevor sie auf eigenen Beinen laufen können. Mit Beharrlichkeit üben sie immer und immer wieder, sich auf ihrem Roller oder später auf einem Fahrrad in Balance zu halten. Warum zeigen sie einen solchen Durchhaltewillen? Weil sie Fahrrad fahren von sich aus lernen wollen. Niemand zwingt sie dazu, auf das Fahrrad zu steigen – umso größer ist offensichtlich die Motivation, es zu tun.

Eine Art zu lernen, die spätestens in der Schule endet. Sie lernen nicht mehr, was sie selbst lernen wollen, sondern das, was unterrichtet wird. Die Folge: Die meisten verlieren ihre ursprüngliche Beharrlichkeit. Diejenigen, die weiter beharrlich versuchen, ihre eigenen Ideen zu verwirklichen und ihre eigenen Ziele zu verfolgen, werden meist zu Außenseitern gemacht und als eigensinnige Störenfriede abgestempelt.

Deshalb gibt es nur wenige Menschen, die als Erwachsene so besondere Leistungen vollbringen, dass sich viele oft noch über Generationen hinweg an sie erinnern und sich an ihnen orientieren.

■ ■ ■ Darüber müssen wir reden

Endres: Wenn man ein außergewöhnliches Ergebnis erzielen will – und zwar nicht unbedingt im Sinne eines betriebswirtschaftlichen Gewinns –, bedarf es einer besonderen Leistung. Höchstleistung gedeiht am ehesten, wenn sich Mitarbeiter eingeladen fühlen, Leistung zu erbringen und sie auch als etwas Erstrebenswertes empfinden, das Spaß macht. Es gibt viele Menschen, die in ihrer Freizeit Marathon laufen. Das ist Höchstleistung, aber auch eine unglaubliche Anstrengung. Das hält aber nur wenige davon ab. In einer gut geführten Firma gehört Leistung dazu – sie darf nur nicht übertrieben werden. Leider ist es eine verbreitete Ansicht, dass Höchstleistung mit langer Verweildauer im Büro gleichzusetzen ist. Ich glaube allerdings, dass Mitarbeiter auch in zwei Stunden Höchstleistungen erbringen können. Es kommt schlicht auf das Ergebnis an.

Hüther: Was brauchen Sie, um Höchstleistung bringen zu können?

Endres: Ich brauche Unangepasstheit. Ich brauche Menschen in meinem Umfeld, die mich beflügeln – mit ihren eigenen Ideen. Im stillen Kämmerlein kann ich keine Höchstleistung erbringen. In der Regel geschieht es im Austausch mit anderen Menschen, weil im Idealfall jeder in der Gruppe über sich hinauswächst. Oft braucht es auch eine gehörige Portion Beharrlichkeit, denn die Lösung für eine Höchstleistung liegt selten auf der Hand. Dazu ist es gut, Mitarbeiter zu haben, die an ihre Idee glauben – also bis zu einem gewissen Grad eigensinnig sind, ohne stur zu sein.

Hüther: Und wie definieren Sie konkret Höchstleistung? Ist das eine Idee, ein Produkt, eine Vision oder eine Strategie?

Endres: Leistung mache ich an einem Vergleichswert fest: schneller, innovativer, profitabler, menschlicher – was auch immer.

Hüther: Sportler trainieren, damit sie im Wettbewerb ihre Höchstleistungen abrufen können. Danach haben sie Ruhe, gefolgt von erneuten Trainingsphasen. Ist das vergleichbar mit Ihrer Vorstellung von Höchstleistung?

Endres: Nein, ich glaube nicht. Sportler, selbst Topathleten, sind körperlich begrenzt – sie werden müde. In einem Unternehmen, das Dienstleistungen erbringt, ist physische Erschöpfung kein limitierender Faktor. Wenn das Team mit Hingabe arbeitet, einen Sinn in seiner Arbeit erkennt, kann es Höchstleistungen über relativ lange Zeit hinweg erbringen. Sicher braucht jeder Erholungsphasen, aber wenn das Umfeld stimmt und die Arbeit Spaß macht, kann ich länger auch beharrlich ein Ziel verfolgen. Wichtig ist, dass man am Ende bezogen auf das Ergebnis vorne ist. Denn der Wettbewerber kämpft mit denselben Mitteln – da muss man bestimmte Themen einfach können, um besser als die anderen zu sein.

Hüther: Was verstehen Sie in diesem Zusammenhang unter »Können«?

Endres: Vor etwa 15 Jahren wollte ich wissen, ob es Faktoren gibt, die allen erfolgreichen Unternehmen gemeinsam sind – vom einfachen Dienstleister bis zum Schraubenhersteller. Gibt es. Wir haben sie daraufhin in zwölf Höchstleisterthesen verdichtet, und eine der wichtigsten lautet: Können statt Wissen. Was meine ich damit? Wissen ist jederzeit für jeden abrufbar: Wenn ich wissen möchte, wie ein Zaubertrick funktioniert, kann ich das mit etwas Geschick herausbekommen. Aber dieses Wissen hilft mir leider nicht, wenn ich zaubern will. Ich muss üben. In dynamischen Märkten ist das Können die einzige Methode, wie man einen nicht kopierbaren Vorteil schafft. Wissen ist nämlich nicht zu schützen – Versicherungen zum Beispiel werden inklusive Schreibfehler von einem Tag auf den nächsten kopiert. Können, also wie man Kunden behandelt, den passenden Service bietet oder mit der Schadenbearbeitung Kunden sogar begeistert, müssen Sie sehr lange üben.

Hüther: Das glaube ich gerne. Ich möchte aber Ihren Blick auf diejenigen lenken, die ihre Freude an der Leistung verloren haben. Wenn Sie ein dreijähriges Kind beobachten, werden Sie feststellen, dass es alles, was es anfängt, mit enormem Einsatz angeht – egal, ob es Laufen oder Sprechen lernt. Die Fähigkeit, sich voll und ganz einer Aufgabe zu widmen und diese bis zur Meisterschaft zu entwickeln, ist uns offenbar angeboren. Es gibt jedoch eine wachsende Zahl von Menschen, die offenbar die Erfahrung machen, dass ihre Leistung nicht anerkannt wird, dass sie nicht den Erwartungen entspricht oder als fehlerhaft eingestuft wird. Diese Menschen hören auf, sich für ein Thema einzusetzen. Absurderweise geraten sie recht häufig sogar in Widerspruch zu dem, wofür sie eigentlich Leistung erbringen wollten.

Endres: Das klingt jetzt etwas theoretisch für mich. Haben Sie ein Beispiel?

Hüther: Manche Menschen haben Scheu davor, mit ihrer guten Leistung aufzufallen. Schüler können oft viel mehr leisten. Aber in dem Augenblick, in dem sie das zeigen würden, liefen sie Gefahr, von den Mitschülern als Streber bezeichnet zu werden. Aus Angst vor Ausgrenzung passen sie dann ihre Leistung an die durchschnittliche Leistung der Gruppe an. Leistung ist, wie Sie gerade richtig gesagt haben, ein Gruppenphänomen.

Endres: Aber es gibt doch auch Menschen, die, ohne in einer Gruppe zu sein, herausragende Leistungen erbringen?

Hüther: Ich gehe noch einen Schritt weiter – es gibt sogar Menschen, die imstande sind, sich gegen diese Gruppendynamik zur Wehr zu setzen. In aller Regel hatten sie allerdings das Glück, nicht oft in eine Situation geraten zu sein, wo sie den Anforderungsprofilen nicht genügt haben. Meist sind es diejenigen, die sich sehr nahe an ihren Talenten entwickeln dürfen. Sie haben die Kraft, sich über den negativen Einfluss der Gruppe hinwegzusetzen. Sie bringen Leistung trotz der Strebersprüche – und erleben Leistung auch als sehr erfüllend. Sie haben Freude daran, zeigen zu können, was sie können. Einen weiteren Antrieb für solche Menschen zu schaffen, wäre kontraproduktiv. Man stelle sich nur einen Bergsteiger vor, der auf dem Berggipfel noch einen Geldbetrag erhält. Das geht nicht zusammen.

Endres: Ich glaube, dass hier ein grundsätzliches Problem sichtbar wird: Leistung muss immer zu den Rahmenbedingungen passen. Als Schüler nutzen mir handwerkliche Fähigkeiten in Deutsch und Mathematik leider wenig. Ich verfüge zwar über Talente, die jedoch innerhalb dieses Rahmens nicht gefragt sind. Hingegen sind diejenigen, die imstande sind, Wissen schnell aufzunehmen und wiederzugeben, perfekt an das heutige Schulsystem angepasst. Gute Noten machen natürlich auch Spaß – das war auch bei mir so, wenn ich eine Eins geschrieben habe, was allerdings selten vorkam. Übertragen auf das Unternehmen müssen Führungskräfte versuchen, das Umfeld so zu gestalten, dass vorhandene Fähigkeiten möglichst vielfältig abgerufen werden können. Das reicht vom Arbeitsklima bis hin zur Aufgabe und zum richtigen Einsatz der Mitarbeiter sowie zu den Handlungsspielräumen, damit sich Eigensinn entfalten kann.

Hüther: In einer idealen Welt könnte sich jeder mit seinen besonderen Begabungen und Fähigkeiten zu 100 Prozent einbringen. Davon sind wir aber weit entfernt: Allein die Tatsache, dass wir heute in aller Regel in altershomogenen Gruppen lernen, sorgt für massive Probleme.

Endres: Warum?

Hüther: In Gruppen, in denen alle etwa gleich alt sind, gibt es einen enormen Wettbewerb: um die Gunst der Lehrer, um Zensuren, um die hübschesten Mädchen, um den schnellsten Sprint, um eigentlich alles. Die meisten steigen bei diesem Kampf aus, nur wenige bleiben übrig, die dieses Rennen gewinnen wollen.

Endres: Das heißt, es wäre sinnvoller, auf das Gruppenphänomen Leistung zu setzen?

Hüther: Absolut. Unternehmen und Schulen funktionieren nach demselben Prinzip wie Mannschaftssport. Eine gute Fußballmannschaft besteht nicht nur aus Stürmern. Selbst wenn ein Trainer dies versuchen wollte, würde keiner der Spieler seine individuelle Leistung abrufen können. Vor allem diejenigen nicht, die vom Talent her Verteidiger sind. Moderne Fußballtrainer stellen ihre Teams so zusammen, dass jeder Spieler mit seinen besonderen Talenten, Begabungen und Fähigkeiten einen Platz in der Mannschaft findet, an dem er sich optimal einbringen kann. In der Wirtschaft nennt man das Diversity-Management. Jeder nach seinen individuellen Fähigkeiten am richtigen Platz.

Endres: Diversity fängt meines Erachtens beim Einzelnen an. Denn es fällt uns – wenn wir ehrlich sind – nicht immer leicht, Menschen zu akzeptieren oder gar zu fördern, die völlig anders als wir selbst sind.

Hüther: Richtig. Uns fällt es sehr schwer, die unterschiedlichen Leistungen in ihrer Unterschiedlichkeit zu würdigen. Das liegt daran, dass wir Leistungskriterien, die für Einzelne gelten, gerne allgemein anwenden. Um im vorherigen Bild zu bleiben: Beim Fußball kommt es – ziemlich eindeutig – auf Tore an. Daran lässt sich die Leistung eines Verteidigers aber nur bedingt messen, weil er zwar keine Tore schießt, aber mit seiner Leistung dafür sorgt, dass die Stürmer ihre Tore schießen.

Endres: Ich sehe das bei der Leistung von Bewerbern. Wenn jemand nur herausragende Zensuren hat, werde ich misstrauisch. Denn ich möchte gerne kreative Mitarbeiter beschäftigen. Dieses Kriterium lässt sich aber mit Noten nicht abbilden. Weshalb ich mich auf andere Instrumente verlassen muss, vielleicht sogar auf meine Erfahrung oder Intuition. Damit werde ich dem Einzelnen und seiner Bedeutung für den gesamten Erfolg aber nicht unbedingt gerecht.

Hüther: Hinzu kommt, dass es auch Aufgaben gibt, die nicht sehr attraktiv sind und die eigentlich niemand übernehmen will. Meist übernehmen Leistungsschwächere diese Aufgaben, weil sie, wie angenommen wird, nicht aus eigenem Antrieb arbeiten wollen, sondern nur aufgrund von externem Druck.

Endres: Das ist aber ein Problem, das man nicht so leicht lösen kann.

Hüther: Ich glaube schon. Mitarbeiter, die leistungseinfachere Aufgaben übernehmen, müssten sogar die höchste Anerkennung erfahren. Chef will jeder werden, deshalb braucht der Job als Chef kaum Anerkennung. Hausmeister will niemand sein, deshalb müsste man ihm die höchste Anerkennung entgegenbringen – wenn man will, dass jeder seine maximale Leistung bringen soll.

Endres: Das mag sein. Es gibt jedoch eine weitere Dimension, die meines Erachtens häufig unterschätzt wird: Je nachdem, in welchem Lebenszyklus sich ein Unternehmen befindet, benötigt man völlig unterschiedliche Fähigkeiten in der Belegschaft – und das erkennen die meisten Manager zu spät bis gar nicht. Bei einem Start-up braucht es einen Unternehmer mit einer Idee, der das Talent hat, etwas zu entwickeln, was die Menschheit noch nie zuvor gesehen hat. Und ganz nebenbei über das Talent verfügt, Mitarbeiter für diese Idee zu begeistern. Wenn das Unternehmen dann gewachsen ist und 200 Mitarbeiter beschäftigt, braucht es eine ordnende Hand – ansonsten regiert das Chaos. Der Unternehmer braucht einen Controller. Was daraus folgt? Man muss erkennen, in welcher Phase sich das Unternehmen befindet, um adäquat die unterschiedlichen Begabungen einsetzen zu können. Oder um beim Fußball zu bleiben: Mit Sicherheit braucht man im Abstiegskampf andere Talente auf dem Platz als beim Kampf um Champions-League-Plätze.

Hüther: Kurzum: Je komplexer das Thema ist, desto komplexer sind die Fähigkeiten, die jedes einzelne Mitglied des Teams einbringen muss.

Endres: Deshalb ist es wichtig, dass wir klare Rahmenbedingungen schaffen, an denen sich die Teams orientieren können.

Hüther: Es braucht zumindest einen Rahmen, innerhalb dessen sich das ereignen kann, was man sich wünscht oder das Unternehmen braucht. Ich glaube schon an die Kraft der Selbstorganisation, denn ein Fußballteam kann sich sehr wohl überlegen, auf welchen Positionen es noch zu schwach besetzt ist.

Endres: Sie brauchen aber auch einen Trainer und sportlichen Manager, was sich auch ziemlich bewährt hat. Ein Unternehmen kann man nicht sich selbst überlassen, ohne dass der Trainer, sprich Vorstandschef, eingreifen und lenken kann. Allerdings gestehe ich zu, dass Hierarchien in der tradierten Form nicht immer Teamwork ermöglichen – selbst wenn diese Hierarchien in den vergangenen 20 Jahren immer flacher geworden sind.

Hüther: Das Problem liegt meines Erachtens darin, dass die Absolventen der Schulen und Universitäten nicht mit diesen neuen, flacheren Hierarchien zurechtkommen. Das Bildungssystem zeigt immer noch in Richtung klassischer Karriereinsignien wie Dienstwagen, eigenes Büro, Sekretärin und so weiter. In der Realität hingegen verschwinden sie zunehmend.

Endres: In der Praxis beobachte ich eine andere Entwicklung: Die Triebfedern haben sich verändert. Bewerber von heute schauen gerade nicht auf Dienstwagen oder nächsten Karriereschritt. Sie wollen eher wissen, ob nachhaltig und umweltschonend produziert wird, ob das Betriebsklima stimmt. Sie bestimmen lieber selber, ob und welches Auto sie fahren wollen. Alles Themen, die zu meiner Zeit, als ich in den Beruf eingestiegen bin, schlichtweg nicht existierten. Da ging es darum, einen Job zu bekommen, gute Arbeit abzuliefern und möglichst viel Geld in kurzer Zeit zu verdienen.

Hüther: Aber ist das nicht auch eine egozentrische Ansicht, wenn diese jungen Leute heute nur in einer Firma arbeiten wollen, die ökologische Produkte erzeugt – weil sie das in ihrem persönlichen Kosmos für wichtig halten? Oder fragen die Bewerber bei Ihnen nach, ob so etwas wie Potenzialentfaltung in Teams existiert?

Endres: Wenn ich zum Vorstandsfrühstück einlade, bei dem ich mit sechs bis acht Mitarbeitern einen Vormittag über vieles spreche, frage ich immer, was der wichtigste Faktor ist, morgens mit

Freude zur Arbeit zu kommen. Die Antwort ist immer die gleiche: Es sind das Team und der direkte Vorgesetzte. Wenn ich mich zurückerinnere, auch in der Schule waren meine Leistungen immer extrem abhängig, ob der Lehrer mich begeistern konnte.

Hüther: An einigen Schulen gibt es mittlerweile Lehrkräfte, die als Potenzialentfaltungscoach wirken. Sie haben zwei besondere Fähigkeiten: Zum einen können sie ihre Schüler für ein Thema, das die noch nie interessiert hat, faszinieren. Etwa die Fotosynthese in der neunten Klasse. Zum anderen besitzt dieser Potenzialentfaltungscoach die Fähigkeit, aus einem zusammengewürfelten Haufen ein leistungsorientiertes Team zu bilden. Wenn das nicht geschieht, verlieren sich die Einzelnen in ihrer Suche nach einem tieferen Verständnis von Fotosynthese. Wenn Sie diese beiden Fähigkeiten mitbringen und umsetzen, haben Sie als Fachlehrer – oder übertragen auf Unternehmen als Führungskraft – ein gutes Arbeitsleben. Nach einer intensiven Woche mit diesem Coach haben die Schüler alle Aspekte der Fotosynthese zusammengetragen – mehr, als der Biologielehrer in einer Woche jemals hätte unterrichten können. Und in den Köpfen der Schüler bleibt entscheidend mehr hängen als alles, was Sie je mit Frontalunterricht hätten erreichen können.

Endres: Wobei der Lehrer – oder die Führungskraft – dieses Vorgehen erst einmal verarbeiten muss. Denn im Normalfall versteht er sich eher als die entscheidende Person, ohne die man niemals die Fotosynthese lernen kann, als derjenige, der Schüler – respektive Mitarbeiter – zu Höchstleistungen führt.

Hüther: Richtig. Das scheint eine Art von Demütigung für manche Menschen zu sein. Schließlich sehen sie ihre Bedeutsamkeit schwinden, weil der Lernprozess von jenen übernommen wird, denen der Lehrer es eigentlich hatte beibringen wollen.

Endres: Dennoch sind wir in der Wirtschaft diesbezüglich ein gutes Stück vorangekommen. Vorgesetzte steuern nicht mehr durch mehr Wissen, denn wir sind völlig transparent und offen – jeder Mitarbeiter kann bei Interesse etwa Vorstandsprotokolle einsehen. Ein Vorgesetzter, der sich über Mehr-Wissen und Mehr-Information definiert, ist kein guter Vorgesetzter.

Hüther: Aber wenn ein Team so kompetent wird, dass es Eigenverantwortung übernimmt, könnte es nicht sein, dass mancher Vorgesetzte damit ein Problem hat?

Endres: Selbstverständlich, von der idealen Welt sind wir ja noch ein Stückchen entfernt. Aber wenn er klug ist, wird er anstreben, als Potenzialentfaltungscoach tätig zu werden. Denn dann erhält er Zeit für die Themen, die seine eigentliche Aufgabe sind.

Hüther: Er könnte sich Gedanken machen, wer noch Unterstützung braucht oder wohin er mit dem Team will.

Endres: In der Softwareentwicklung gibt es eine Technik, die die Teamorganisation institutionalisiert hat: Scrum. Der Begriff kommt aus dem Rugby und meint Gedränge. Es ist der Moment, bei dem sich alle Mitspieler um den Ball scharen. Im übertragenen Sinn findet das auch bei dieser Technik Anwendung: Statt wie bisher jeden Schritt der Programmierung einzeln hintereinander abzuarbeiten, arbeiten kleine Teams gleichzeitig an unterschiedlichen Fragestellungen. Diese Teams sind in der Lage, schnellstmöglich auf neue Situationen zu reagieren, wie es zum Beispiel Notfallteams in Krankenhäusern auch können. Des Weiteren sind sie aufgrund ihrer hohen Spezialisierung in der Lage, gemeinsam auf ein Ziel hinzuarbeiten, ohne dass es eine Steuerung von außen braucht – sie arbeiten selbständig. Die Teams sind bereichsübergreifend aufgestellt, meist ist auch der Auftraggeber eingebunden, damit er den Fortschritt in seinem Sinne mitgestalten kann. Die kleinen Teams arbeiten nur an kleinen Arbeitspaketen, sodass unmittelbares Feedback am Ende eines Entwicklungsschritts sehr schnell erfolgen kann – damit werden Misserfolg und Erfolg schnell sichtbar, und beim nächsten Schritt lässt sich entsprechend reagieren.

Hüther: Klingt wegweisend. Wie gehen Sie aber mit Menschen um, die mehr leisten wollen, es aber nicht können?

Endres: Zuerst fragen, woran das liegen kann. Als Vorgesetzter müssen Sie herausfinden, was diesen Mitarbeiter in seiner Entwicklung hemmt. Wenn Sie einen guten Fußballspieler in Ihren Reihen haben, dann müssen Sie ihn in die für ihn beste Position bringen. Geschick und Talent für den Umgang mit dem Ball sind vorhanden – ob er Verteidiger oder Stürmer wird, müssen Sie als Trainer herausfinden.

Hüther: Und wie gehen wir mit Menschen um, die zufrieden mit ihrer Leistung sind, aber objektiv mehr leisten könnten?

Endres: Wir müssen Rahmenbedingungen für intrinsische Motivation schaffen. Was braucht es, damit der Mensch aus sich heraus – intrinsisch eben – einen Antrieb hat, mehr leisten zu wollen?

Hüther: Wahrscheinlich müssen Sie diese Person fragen, was sie benötigt, damit sie mehr Freude an dem hat, was sie macht. Es stellt sich damit nicht die Frage nach mehr Leistung, sondern nach mehr Freude. Denn Freude zeitigt Leistung. Und die Frage können Sie im Unternehmen genauso stellen wie in der Schule oder der Gemeinde.

Endres: Genau deshalb wünsche ich mir für meine Mitarbeiter, dass sie jeden Tag betrunken vor Freude zur Arbeit kommen. Die andere Seite ist allerdings, dass Mitarbeiter und selbst Schüler zunehmend das Gefühl haben, überfordert zu sein.

Hüther: Klagen ist ein Schutzmechanismus, mit dem diese Personen sich selbst und anderen eine Begründung dafür liefern, warum sie nicht das tun, was ihnen ursprünglich viel Freude bereitet hat. Solche Menschen machen dann gerne andere verantwortlich und suchen sich Gleichgesinnte, mit denen sie gemeinsam über alles Mögliche klagen können. Allzu oft verfallen sie dabei in den Modus der Bequemlichkeit. Durch Druck bekommen Sie die nicht wieder heraus. Sie müssten einen Sog erzeugen, der sie wieder in den Modus der Potenzialentfaltung zurückbringt.

Endres: Auf Potenzialentfaltung folgt Leistung. Was war in Ihrem persönlichen Erleben Ihre größte Leistung?

Hüther: *Die Macht der inneren Bilder.* Ein Buch, auf das ich sehr stolz bin. Ich zeige dort, dass jedes lebende System in der Lage ist, ein inneres Muster anzulegen, aus dem heraus es agiert. Das Gehirn der Menschen ist darauf angelegt, jede einzelne Erfahrung, die wir sammeln, in Form von Netzwerkstrukturen festzuschreiben – auf diese Strukturen greifen wir dann zurück, wenn wir auf ein neues Problem stoßen. Eine einzelne Zelle macht exakt dasselbe: Sie legt Erfahrungen in Form von DNA-Sequenzen an und greift dann auf ihr Genom zurück, wenn sie ein neues Problem zu bewältigen hat. Auch menschliche Gemeinschaften folgen demselben Prinzip: Sie legen ihre gesamten kollektiven Erfahrungen in Form von Märchen, Mythen, Sagen und Rechtsvorschriften an und greifen darauf zurück, wenn es ein zu lösendes Problem gibt. Ich halte das für ein übergreifendes grandioses, synthetisches Muster.

Endres: Was hat Sie zu dieser Leistung inspiriert?

Hüther: Die Lust am Erkennen löst bei mir Begeisterung aus. Ich kann dann einfach nicht aufhören, mich immer weiter damit zu befassen, vor allem mit dem, was man nicht sehen kann und im Hintergrund wirkt. Dabei spüre ich eine Art von Hingabe, die ähnlich wie bei einem Instrumentenbauer sein muss. Er verschmilzt mit seinem Tun – und das passiert mir beim Denken.

Endres: In Unternehmen ist die Analyse, warum etwas funktioniert, relativ unterentwickelt. Es geht schlicht um Ergebnisse. Wenn ich eine Idee habe, sie verfolge und umsetze, werde ich das so lange durchführen, bis der Erfolg eintritt.

Hüther: Ich vermute, hier liegt auch der Grund, warum mein Lieblingsbuch bisher nicht allzu viel Anerkennung gefunden hat. In der Öffentlichkeit wird nur honoriert, was zu konkreten Ergebnissen führt. Erkenntnisgewinn ist aber leider kein konkretes Ergebnis.

Endres: Weil man im ersten Schritt nicht den sofortigen Nutzen erkennen kann.

Hüther: Ja, aber im zweiten. Wenn sich eine Gesellschaft nur noch um das kümmert, was sofort Nutzen bringt, bröckelt die Basis. Nämlich die Basis für alle Neuerungen und bahnbrechenden Innovationen. Wenn man nicht weiß, warum etwas funktioniert, entsteht eine Lücke zwischen Erkenntnis und Umsetzung, dann läuft die Gesellschaft hohl und man verliert sich nur noch in der Reproduktion von Produkten.

Endres: Wahrscheinlich braucht es Übersetzer, die diese Lücke überbrücken können. Klingt zwar jetzt etwas kompliziert, aber man muss dafür sorgen, dass die neuen Erkenntnisse, die noch keinen praktischen Nutzwert haben, für eine Gesellschaft übersetzt werden, die etwas in Gang setzt, was wiederum innovative Lösungen ermöglicht, die vorher in den alten Denkmustern nicht möglich waren.

Hüther: So gewinnen Sie das Vertrauen der Menschen, dass es sich lohnt, Energie in den Erkenntnisprozess zu investieren, weil dies zu neuen Entwicklungen führt.

Endres: Nach meiner Erfahrung gewinnen Sie Vertrauen erst, wenn Sie Erfolg haben. Wenn Sie Erfolg produziert haben, dann glauben Ihnen die Menschen im besten Fall beim nächsten Mal, dass Sie wieder ein ähnliches Ergebnis erzielen können. Aber dafür müssen Sie in Ruhe gelassen werden, um einen solchen Erfolg angehen zu können.

Hüther: Was meinen Sie mit »in Ruhe gelassen werden«?

Endres: Der Rahmen muss stehen, aber innerhalb dieses Rahmens werden Sie nicht dauernd hinterfragt. Sie haben Vorgesetzte, die Handlungsspielräume lassen, selber neugierig sind, Sie im besten Fall unterstützen, befähigen und inspirieren. Und die akzeptieren, wenn Sie beharrlich – also mit Nachdruck, mehr Zeit und damit höheren Kosten – ein Ziel verfolgen, an das Sie glauben. Dann werden Sie Erfolg haben.

Hüther: Und was war Ihre größte Leistung?

Endres: Meine größte Leistung war, im richtigen Moment die richtige Idee zu haben und umzusetzen. So haben wir im Unternehmen einen Marktvorsprung aufgebaut: Was Arbeitsplätze, Gewinn und damit die Investition in die nächste Idee sichert. Es ist wahrscheinlich die größte Leistung, den richtigen Zeitpunkt zu finden, um der Mannschaft zu sagen: »Jetzt ist es so weit. Jetzt müssen wir es wagen.«

Hüther: Was ist der besondere Reiz an dieser Leistung für Sie?

Endres: Die Vorstellung, dass Millionen Kunden begeistert, was wir uns ausgedacht haben. Das hat mich immer fasziniert – und inspiriert. Gleichrangig: Ich genieße es, wenn die Mitarbeiter unserer Firma morgens mit Freude zur Arbeit kommen.

Hüther: Damit nehmen Sie wahrscheinlich schon eine Entwicklung vorweg: Vieles spricht dafür, dass wir im Augenblick die Zeit der Einzelkämpfer hinter uns lassen. Wahrscheinlich braucht eine menschliche Gesellschaft im Laufe ihrer Entwicklung eine Phase, in der sich die Einzelnen im Wettbewerb zu Höchstleistungen antreiben. Aber irgendwann gibt es einen Ceiling-Effekt, das heißt, die absolute Höhe ist erreicht. In einigen Bereichen ist es bereits zu beobachten: Im Sport gelangen die Athleten an Grenzen. In der Chemie besteht Übereinkunft, dass es offenbar keinem Chemiker mehr gelingen wird, eine Formel zu entdecken, die geeignet wäre, ein neues chemisches Produkt zu entwickeln. Wenn sich das in zunehmend mehr Bereichen in der Gesellschaft so entwickelt, wird die entscheidende Voraussetzung für weitere Höchstleistungen nicht mehr in einem verschärften Wettbewerb liegen, sondern darin, dass Freiräume geschaffen werden. Freiräume, in denen Menschen mit unterschiedlichen Befähigungen zusammenkommen und dieses Potenzial zur Entfaltung bringen. Das Problem ist nur, dass wir seit einigen Hundert Jahren einfach den Pfad des Konkurrenzkampfs eingeschlagen haben. Sagen wir es so: Der Übergang vom Einzeller zum Vielzeller ist keine einfache Aufgabe – aber in der Natur ist sie auch gelöst worden.

■■■ Was wir behaupten

Der Topmanager sagt:

■ Eigensinn und Beharrlichkeit sind Dünger für Höchstleistung. Wenn Hingabe, Sinnhaftigkeit und Spaß
dazukommen, kann Höchstleistung über sehr lange
Zeit erbracht werden.

■ Bei Höchstleistern dominiert Können die Arbeit, nicht
Wissen. In dynamischen Märkten führt das zu Wett-
bewerbsvorteilen, weil Wissen kopiert werden kann,
Können nicht.

■ Die Aufgabe der Führungskräfte ist es, das Umfeld so
zu gestalten, dass sich die Fähigkeiten der Mitarbeiter
entfalten können. Damit sich zum Beispiel Eigensinn
entfalten kann, benötigen wir Handlungsspielräume.

■ Für fast alle Mitarbeiter sind die Kolleginnen und
Kollegen im eigenen Team und der direkte Vorgesetzte der mit Abstand wichtigste Faktor für intrinsische Motivation.

■ Mein Ziel ist es, dass die Mitarbeiter morgens betrunken vor Freude zur Arbeit kommen.

Der Gehirnforscher sagt:

- Je besser man sich an das anpasst, was alle anderen auch machen, desto sicherer ist es, dass dabei nur Durchschnitt herauskommt.

- Wer anders denken und handeln will als alle anderen, darf sich nicht an deren Denken und Handeln orientieren.

- Eine Gemeinschaft, die Angst davor hat, dass ihre Mitglieder zu viel Eigensinn und Beharrlichkeit entfalten, verliert ihr kreatives Potenzial.

- Beharrlichkeit und Eigensinn sind angeborene Wesensmerkmale des Menschen. Ohne sie hätte keiner jemals Laufen gelernt.

■ ■ ■ … und wie kann man Eigensinn und Beharrlichkeit in der Bildungspraxis fördern?

Wenn Informationen in immer kleineren Häppchen verabreicht werden, YouTube-Clips mit über einer Minute Spieldauer bereits als Film betrachtet werden und die App Vine es ermöglicht, maximal sechs Sekunden lange Filmchen über Twitter zu versenden, dann scheint ein Thema wie Beharrlichkeit aus der Welt und Zeit gefallen zu sein. Geht es aber um anhaltenden persönlichen Erfolg und Entwicklung, braucht es diese Haltung umso stärker. Teach First versucht, mit Schülern von Anfang an ein enges Band der Verbundenheit zu knüpfen – insbesondere mit denen, die einen schwereren Start hatten. Die sogenannten Fellows werden dabei Vollzeit für zwei Jahre an Schulen in sozialen Brennpunkten tätig. Fellows sind persönlich und fachlich herausragende Hochschulabsolventen aller Studienrichtungen, denen es ein Anliegen ist, Verantwortung für Entwicklung zu übernehmen. Sie bieten den Schülern individuelle Förderung. Meist gelingt es auch, zusätzliche Angebote an die Schulen zu bringen. Wo früher Unkraut wucherte, legen sie einen Garten mit den Schülern an, wo früher Schüler keinen Sportunterricht hatten, gibt es jetzt freiwillige Sportgruppen. Die Fellows arbeiten im Unterricht mit, sie leiten Kleingruppen oder unterstützen durch Einzelförderung. Gemeinsam mit den Schülern werden individuelle Lernziele vereinbart, deren Erreichen sie zusammen mit ihnen verfolgen und dokumentieren.

Zur Vorbereitung auf ihre Aufgabe absolvieren die Fellows ein dreimonatiges intensives Trainingsprogramm. Während der Arbeit an den Schulen werden sie kontinuierlich begleitet und weiterqualifiziert. »Wir gewinnen herausragende und engagierte Hochschulabsolventinnen und -absolventen für einen Schuleinsatz, damit eben auch benachteiligte Kinder eine gute Schulbildung bekommen«, umreißt Ulf Matysiak, Geschäftsführer von Teach First Deutschland, die Zielsetzung. Eine Initiative, die mehr als dringend notwendig ist: Jeder fünfte Jugendliche kann weder eine Zeitung lesen noch eine Bewerbung schreiben. Betroffen sind vor allem Kinder und Jugendliche aus Familien mit niedrigen Einkommen. Denn die soziale Herkunft bestimmt noch immer in hohem Maße den Bildungserfolg. Fellows arbeiten im Unterricht und in Projekten daran, dass ihre Schülerinnen und Schüler einen Abschluss erreichen.

 Wie Teach First auf Eigensinn und Beharrlichkeit einzahlt, erfahren Sie hier.

Erkenntnis 5:

Geheimhaltung ist gut.

→ **Offenheit und Ehrlichkeit
sind besser!**

■ ■ ■ Was wir wissen

Die stärkste Kraft, die uns Menschen zwingt, nach Lösungen zu suchen, ist die Angst. Ein Gefühl, das sich im ganzen Körper ausbreitet, uns die Luft zum Atmen nimmt, die Kehle einschnürt, Bauchschmerzen und Herzrasen bereitet, die Haare zu Berge stehen und die Knie weich werden lässt. Angst entsteht immer dann, wenn unser Leben bedroht ist. Im Gehirn entsteht dabei eine sich ausbreitende unspezifische Erregung, man könnte auch sagen, ein zunehmendes Durcheinander. Wir können nicht mehr klar denken und überlegt handeln. Wenn sich diese unspezifische Erregung in tiefer liegende Bereiche des Gehirns ausbreitet, entsteht auch in den älteren Netzwerken, die für die Regulation körperlicher Reaktionen zuständig sind, ein starkes Durcheinander. Das verursacht mit der Angst einhergehende körperliche Veränderungen. Gleichzeitig werden Stresshormone ausgeschüttet, welche die Energiereserven des Körpers mobilisieren und ihn in die typische Alarmreaktion versetzen. Wird kein Ausweg aus der Gefährdung gefunden, übernehmen schließlich die ganz unten im Hirnstamm angelegten und besonders robusten archaischen Notfallnetzwerke die Handlungsführung. Es bleiben drei Reaktionen: Angriff. Wenn das nicht möglich ist: Flucht. Und wenn beides nicht mehr machbar ist: Erstarrung.

Doch was hilft gegen Angst? Selbstvertrauen. Etwa wenn wir merken, dass wir über gewisse Kompetenzen verfügen, dass wir auf gelerntes Wissen und erworbene Fähigkeiten zurückgreifen können, kurz, wie wir uns selbst in dieser schwierigen Situation aus der Angstumklammerung befreien können.

Die Erfahrung, dass wir Angst durch eigenes Handeln überwinden können, empfinden wir als sehr erleichternd. Im Gehirn kommt es deshalb zur Aktivierung des sogenannten Belohnungssystems und zur Ausschüttung von neuroplastischen Botenstoffen. Sie verstärken all jene neuronalen Verschaltungen, die für die Selbstwirksamkeit verantwortlich sind. Ein Mensch, der glaubt, selbst etwas bewirken und auch in schwierigen Situationen selbständig handeln zu können, verfügt über ein hohes Maß an Selbstwirksamkeit. Die innere Überzeugung wird gefestigt, dass sich die Angst durch Kontrolle überwinden lässt.

Allerdings leben wir in einer Welt, in der nicht alles kontrollierbar ist. Deshalb ist es gut, wenn wir schon als Kind möglichst oft die Erfahrung machen dürfen, dass es durchaus passieren kann, allein nicht mehr weiterzukommen, aber jemand da ist, der uns hilft und Mut macht. Es stärkt das Vertrauen, wenn wir mit unseren Problemen nicht alleine gelassen werden. Wer auf diese Vertrauensressource zurückgreifen kann, verfällt nicht so leicht in die Ohnmacht der Angst. Dieses Urvertrauen in »Gehaltensein und Beschütztwerden« bringen alle Kinder bei ihrer Geburt mit auf die Welt.

Diese wichtige Ressource gegen die Angst geht häufig mit der Zeit verloren – weil wir vielleicht einmal zu sehr den Falschen vertraut haben oder weil wir glauben, dass dieses Vertrauen nicht in eine Welt passt, in der jeder Einzelne nach größtmöglichem Erfolg strebt. Was wir leider in der Schule sehr früh gelehrt bekommen.

»Wissen ist Macht«, sagte Francis Bacon Ende des 16. Jahrhunderts. Damals hatte der britische Philosoph wohl recht. Vielleicht hat dieser Satz sogar bis Ende der 1990er-Jahre gegolten – bis zur Verbreitung des World Wide Web. Bis zu diesem Zeitpunkt war es üblich, Macht auszuüben, indem Wissen von anderen ferngehalten wurde. Nach dem Motto: Wer über bestimmte Kenntnisse verfügt, die er vor allen Menschen, mit denen er zusammenlebt und -arbeitet, geschickt verbirgt, besitzt etwas, was die anderen nicht haben. Damit gewinnt er nicht nur Macht über diese anderen, er kann sie aufgrund seines Wissensvorsprunges auch besser kontrollieren. Das Problem: Gelangen andere dann doch an dieses

Wissen, geht nicht nur Macht verloren, sondern auch Vertrauen. Und wer Vertrauen verliert, erntet Angst. Diese wiederum lässt sich nur bekämpfen, wenn es wieder gelingt, ein Klima der Offenheit und Ehrlichkeit zu schaffen – ohne Geheimhaltung und ohne die Aneignung von Wissen, das kurzfristig Macht verleiht.

Wissen lässt sich geheim halten, Können nicht.

Ein weiteres Beispiel: Dort, wo Wissen die Basis für ein Geschäftsmodell darstellt, wird es in Zukunft stärker gefährdet sein. Die heimliche Rezeptur für Coca-Cola etwa ist chemisch kein Rätsel. Doch das Wissen allein reicht nicht aus – es geht um das Können, das dahintersteckt. Und Coca-Cola hatte 125 Jahre Zeit, um die optimale Produktion auf die Beine zu stellen. Sollte der Algorithmus von Google öffentlich werden, dürfte so schnell kaum jemand etwas damit anfangen können – zu lange konnte die Suchmaschine die Ergebnisse auswerten und konnte dieses Geschäftsmodell entwickelt werden.

Unternehmen wissen längst, dass sich die meisten Themen kaum mehr geheim halten lassen. Social Media sorgen dafür, dass auch geheimste Pläne an die Öffentlichkeit geraten.

Und die Diskussion, ob etwa die US-Agentur NSA Betriebsspionage für US-amerikanische Unternehmen betrieben hat, dürfte die Debatte über den Wert von Wissen und dessen Geheimhaltung weiter befeuern. Selbst die Europäische Zentralbank hat sich entschieden, ihre bislang geheimen Sitzungsprotokolle zu veröffentlichen. Der Open-Source-Ansatz wird die Software der Zukunft prägen. Und wie selbstverständlich entstehen die besten Ideen derzeit nicht in geheimen Laboren der Wirtschaft, sondern indem kreative Köpfe kooperieren und damit Lösungen finden, die weit über den eigenen Anwendungsbereich hinaus Bedeutung haben.

■ ■ ■ Darüber müssen wir reden

Endres: Transparenz ist Ausdruck von Offenheit und Ehrlichkeit. Als Vater von vier Kindern, der mehr als einmal mit unerfreulichen Schulnoten konfrontiert war, habe ich allerdings den Eindruck, dass es mit der Klarheit bei diesen Zensuren nicht immer so weit her ist.

Hüther: Sie können nicht transparent sein, weil zu stark ein subjektiver Bewertungsfaktor eingeht – so sehr Lehrer es auch vermeiden oder verschleiern wollen. Umgekehrt stellt sich die Frage: Was ist der Vorteil von Intransparenz?

Endres: Die Antwort ist relativ einfach: Wissen ist oder besser war Macht.

Hüther: Richtig. Intransparenz ist ein Machtaneignungsversuch. Er ist kein Zeichen von großer Stärke. Denn wenn es jemand nötig hat, sich Macht anzueignen, ist er offenbar vorher in einer Situation gewesen, in der er sich eher ohnmächtig gefühlt hat.

Endres: Also ist Transparenz Ausdruck innerer Stärke? Oder umgekehrt formuliert: Nur jene brauchen Intransparenz, die sich ohne ihren Wissensvorsprung ohnmächtig fühlen.

Hüther: Dann wäre Transparenz ein geeignetes Mittel, um Machtstrukturen, die durch Aneignung von Macht entstanden sind, zu unterminieren. Es ist sinnlos, etwas verheimlichen oder verschleiern zu wollen, wenn man damit rechnen muss, dass es ans Tageslicht kommt. Damit ist meines Erachtens etwas Dramatisches in unserer Gesellschaft geschehen: Den Machtzentren ist die Hoheit über die Kommunikationssysteme abhandengekommen. Die digitale Revolution ermöglicht, dass sich jeder immer und von nahezu überall zu Wort melden kann, wenn er etwas Wichtiges entdeckt hat. Das beraubt Unternehmen, Einrichtungen, Institutionen und Organisationen der Chance, etwas Geheimes geheim zu halten.

Endres: Gemach, gemach. Ich kann mir sehr wohl Einrichtungen vorstellen, die nur überleben können, weil es Transparenz und Offenheit nicht gibt. Auch wir haben unser Unternehmen jahrelang abgeschottet – einfach aus der berechtigten Befürchtung heraus, dass unsere Produkte kopiert werden. Was auch regelmäßig geschehen ist, inklusive der Rechtschreibfehler in den Vertragsbedingungen. Erst seit ich zu der Erkenntnis gelangt bin, dass im Wettbewerb Können und nicht Wissen entscheidet, war ich bereit, vollständig transparent zu handeln. Den Vorsprung jetzt und auf lange Sicht bilden die Fähigkeiten der Mitarbeiter und ihre Motivation. Wenn man als Unternehmen in einer offenen und transparenten Welt erfolgreich bleiben will, ist das der einzige Schutz gegen Wettbewerber.

Hüther: Weil man es nicht kopieren kann.

Endres: Ja. Und das Interessante an dieser Erkenntnis: Sie müssen daran glauben, testen können Sie es nicht. Wenn jeder Vorstandsprotokolle lesen darf, muss ich glauben, dass es mir am Ende des Tages nicht schadet. Und ob es mir schadet, weiß ich vielleicht erst in zehn Jahren.

Hüther: Aber so haben Sie immerhin die Chance minimiert, dass jemand Informationen nutzt, um Macht zu erlangen.

Endres: Richtig. Aber ich glaube, dass Intransparenz in manchen Bereichen schlicht notwendig ist. Würde ich den Algorithmus von Google kennen, der die Reihenfolge der Suchergebnisse produziert, wäre ich in der Lage, unsere Maßnahmen zu verbessern. Das ist Wissen, das geschützt werden muss, sonst ist das Unternehmen seiner Grundlage beraubt.

Hüther: Obwohl das Wissen darüber gesamtgesellschaftlich mehr Nutzen stiften würde.

Endres: Wobei ich ein gewisses Grundverständnis dafür mitbringe, dass Google Gewinn machen will.

Hüther: Schon richtig. Ich weiß es nicht, wie wir das in Zukunft lösen wollen. Aber ich weiß, dass der entscheidende Fortschritt für uns darin besteht, dass wir Gemeinschaften bilden, in denen Einzelne zu neuen Erkenntnissen kommen und diese von anderen übernommen werden. Wenn ich als Einzelner zu einer Erkenntnis komme, die mir Macht oder Einfluss auf Kosten anderer ermöglicht, dann verstoße ich gegen die Prinzipien unseres natürlichen Miteinanders.

Endres: Aber das ist soziale Marktwirtschaft. Wettbewerb bedeutet immer, dass Sie besser sind als der Konkurrent, denn Sie gewinnen Marktanteile auf dessen Kosten.

Hüther: Das mag einen gewissen Vorteil haben, wenn man das vorübergehend zulässt. Wenn Sie eine Entdeckung machen, besteht die Gefahr, dass sich diese verbreitet sowie von anderen übernommen und eingesetzt wird, bevor Sie sie zu Ende entwickelt haben. Da braucht es eine gewisse Entwicklungszeit.

Endres: Aber langfristig wird es immer effektiver sein, wenn Sie mehrere Entwickler an dem Thema arbeiten lassen. So funktioniert übrigens der Open-Source-Ansatz. Aber es ist relativ trivial: Wenn Sie etwas gesät haben, wollen Sie es auch ernten. Warum sollten Sie sonst säen?

Hüther: Es kommt darauf an, für wen Sie säen.

Endres: In unserem System zum Eigenverzehr oder zum Weiterverkauf. In jedem Fall wäre es sinnwidrig, dass ich mir die Arbeit mache und andere ernten.

Hüther: Und wenn die anderen Ihnen etwas dafür schenken?

Endres: Ein Tauschsystem? Ja, passt.

Hüther: Als Modell zur Veranschaulichung des sich dahinter verbergenden Prinzips können Sie unseren Organismus, also unseren eigenen Körper betrachten. Der könnte nie seine volle Leistungsfähigkeit entwickeln, wenn sich nicht die einzelnen Zellen spezialisieren und diese Spezialisierung zur Perfektion bringen würden. Im Organismus geschieht das im Verlauf der Differenzierung zur Organbildung. In einem sozialen System ist der Wettbewerb für diese Differenzierung und Spezialisierung verantwortlich. Daneben braucht es aber immer eine zweite Kraft, damit das Gesamtsystem stabil bleibt. Das ist eine zusammenhaltende Kraft. Übertragen auf unsere Welt bedeutet es, dass wir allein über Wettbewerb das System auf Dauer nicht zusammenhalten können. Es braucht auch eine der Konkurrenz entgegengerichtete Kraft. Diese Denkfigur kennen wir in unserem rein wirtschaftlichen Ansatz bisher noch nicht.

Endres: Dann müssen in Zukunft heutige Wettbewerber kooperieren, um Erfolg zu generieren?

Hüther: Schauen wir zum Vergleich in den Wissenschaftsbetrieb: Ein Geologe kann sich heute nicht mit einem Mediziner und der wiederum nicht mit einem Soziologen über seine jeweiligen Forschungen unterhalten. Es ist eine Spezialisierungstiefe, die den

Austausch unmöglich macht. Da ist ganz offensichtlich das Ende der Vorteile erreicht, die man durch eine Spezialisierung erzielen kann.

Endres: Wenn ich eine Ebene früher ansetze, frage ich mich: Sprechen die Lehrenden heute die Sprache der Lernenden? Denn dieser Spezialisierungsgrad ist nicht nur in der Wissenschaft und Wirtschaft festzustellen, sondern auch in der Kommunikation der jüngeren *digital natives*. Sie sprechen schon lange nicht mehr dieselbe Sprache wie ich, ein typischer *digital immigrant*. Brauchen wir Übersetzer für die Spezialisten?

Hüther: Es geht einfacher, es braucht ein gemeinsames Ziel. Etwa wenn sich Lehrende über ihre eher analogen Erfahrungen mit den Studierenden verbinden, die besonders im Bereich der digitalen Medien unterwegs sind. Eine gemeinsame Intention überbrückt die Differenzen. Denn das Trennende sind nicht die digitalen Medien, sondern der fehlende gemeinsame Fokus oder das gemeinsame Ziel. Wenn Sie es nicht herstellen können oder es verloren geht, zerfällt jede Gesellschaft. Dann beginnt, bildlich gesprochen, die Niere mit der Leber zu streiten, wer besser oder effizienter ist. Und keiner verrät dem anderen, was er wirklich macht und was er vorhat.

Endres: In der Wirtschaft versuchen wir den Austausch zwischen Niere und Leber durch intensive Kommunikation und Feedback zu verbessern.

Hüther: Die Tatsache, dass wir Feedbacksysteme brauchen, ist meines Erachtens ein Beleg dafür, dass wir eine unterentwickelte Beziehungskultur haben, in der wir einander benutzen, statt uns zu begegnen.

Endres: Ist es zumindest nicht der erste Schritt, dass wir solche Gespräche einführen?

Hüther: Ja, aber Sie können niemanden zwingen, einem anderen zu begegnen. Die Verpflichtung eines Vorgesetzten, Feedbackgespräche zu führen, führt zu nichts, wenn er keine Lust darauf hat. Im Gegenteil: Wenn der Mitarbeiter merkt, dass es nur eine Pflichtveranstaltung und die Begegnung nicht wichtig ist, ist es für ihn eine weitere negative Erfahrung. Ich würde lieber Führungskräfte einladen, ermutigen und inspirieren, solche Feedbackgespräche führen zu wollen.

Endres: Mein erstes Feedbackgespräch habe ich zugegebenermaßen geführt, weil es angeordnet wurde. Trotzdem habe ich erlebt, wie stark dieses Instrument sein kann. Von da an habe ich es sehr gerne geführt. Irgendwann habe ich erstaunt festgestellt, dass einer meiner Vorstandskollegen die Mitarbeitergespräche vernachlässigt. Ich habe ihn dringend gebeten, es als Person mit Vorbildcharakter im Unternehmen unbedingt zu tun – und siehe da, er hat dieselbe Erfahrung wie ich gemacht und erkannt, dass er ein Vorurteil hatte.

Hüther: Das war dann eine Einladung mit einem Ausrufezeichen dahinter.

Endres: Klar, aber das Leben ist grausam. Im Ernst: Das Interessante ist, dass die überwiegende Mehrheit in ihrem Vorurteil gar nicht so vernagelt ist und spürt, was in den Gesprächen passiert. Sonst wären sie als Führungskräfte auch ungeeignet. Auf der anderen Seite ist es nur eine Methode, um eine Beziehungskultur zu etablieren. Ansonsten muss ich kreativ Begegnungen fördern. Wenn ich dies im Unternehmen als erstrebenswert positioniere und etwa eine Bühne schaffe, auf der die Kollegen ihre Erfahrungen austauschen können, bekommt das Thema einen völlig anderen Stellenwert. Als Vorstandsvorsitzender kann ich einzelnen Themen schnell eine größere Bedeutung zukommen lassen. Wenn ich glaube, dass Beziehungskultur ein Hebel für Höchstleistung ist, werde ich dieses Thema massiv vorantreiben. Und zwar nicht durch Anweisung, sondern durch gemeinsames Erleben.

Hüther: Sie erreichen Begegnungen zwischen Führungskräften und Mitarbeitern. Daran werden sich die meisten beteiligen – es ist schließlich deutlich angenehmer, Teil einer Gemeinschaft zu sein. Selbst ein sprödes Thema wie das verordnete Feedbackgespräch wird somit positiv aufgeladen, weil niemand sich aus dieser Gemeinschaft ausklinken möchte.

Endres: Was war die beste Rückmeldung, die Sie je bekommen haben?

Hüther: Das waren oft eher unangenehme Rückmeldungen, aber sie bringen mich weiter. Ich habe mich zum Beispiel stark mit dem Feedback auseinandergesetzt, dass ich meine Arbeit nur für meinen persönlichen Erfolg tun würde. Heute prüfe ich jedes Mal, ob etwas eine egozentrische Selbstdarstellung und der Versuch ist, mich auf Kosten anderer aufzuwerten, oder ob es mir um Inhalte geht. Von anderen, mit denen ich zusammenarbeite, kam auch schon mal die Aussage, dass ich bestimmte Themen besser nicht in Angriff nehme: Ich kann schlecht organisieren. Seit mir das jemand deutlich gesagt hat, lasse ich die Finger davon. Ich weiß heute, dass ich niemals Leiter einer Organisation sein will.

Endres: Hat Ihnen jemand ein Feedback gegeben, wo Sie auf eine Stärke hingewiesen wurden?

Hüther: Eher nicht. Wir leben in einer Kultur, in der das selten vorkommt. Ich versuche mich diesbezüglich mit Selbstsuggestionen über Wasser zu halten. Ich sage mir dann, dass ich in einer persönlichen Beziehung mit einem Menschen vielleicht etwas auszulösen vermag, wodurch er sich öffnet und sich weiterentwickelt, auch wenn ich das nur selten zurückgemeldet bekomme.

Endres: Ein Mitarbeiter hat mich vor Jahren auf eine Bühne gezerrt, weil er mich unterstützen wollte. Ich war zwar schon Vorstand, aber ungeübt darin, vor vielen Menschen zu sprechen. Es war ein regelrechter Albtraum. Heute macht mir das richtiggehend Spaß, ich liebe es. Aber die Initialzündung kam von diesem Mitarbeiter. Außerdem erinnere ich mich an einen Vorstandskollegen, der alles genauestens ergründen wollte. Dort, wo ich eine Seite Zusammenfassung erwartet habe, wollte er 50 Seiten, um sich einzuarbeiten. Er war derjenige, der mich sehr früh auf das Thema Kosten hingewiesen hat, und zwar in einer Phase, in der alles bestens lief, mit zweistelligen Zuwachsraten. Er war hartnäckig und hat mich dazu gebracht, das damals unbeliebte, aber absolut notwendige Thema mehr als nur schätzen zu lernen.

Hüther: Hatten Sie mit Feedback zu kämpfen, das Sie gekränkt oder verletzt hat?

Endres: Klar. Eines habe ich dabei gelernt. Wenn ich nicht in der Lage bin, das Feedback sofort zu verarbeiten, mache ich eine Pause und verlege das Gespräch auf den nächsten Tag. In aller Regel kann ich es dann akzeptieren. Denn mir ist klar, dass die Position als Vorstandsvorsitzender eine gewisse Hürde ist, offenes Feedback zu geben – umso mehr schätze ich es. Und umso mehr nehme ich es mir zu Herzen, weil es dem Kollegen nicht einfach gefallen ist, diese Kritik zu äußern.

Hüther: Wie muss Feedback gestaltet sein, damit es wirksam wird?

Endres: Der Ton macht die Musik. Wenn der andere in der Lage ist, sein Feedback sachlich konstruktiv und in einem gelassenen Ton zu äußern, fällt die Akzeptanz leichter.

Hüther: Wenn ein Thema entsteht, sollte es sofort gespiegelt werden. Nach drei Wochen Warten bis zum Feedbackgespräch ist meistens der Kontext verschwunden und der richtige Ton nicht mehr zu treffen. Das Konstruktive wird dann nicht mehr sichtbar. Wir reden aber über einen Sonderfall, der in der Wirtschaft als Feedbackmethode eingeführt worden ist, um etwas herzustellen, was unter Menschen eigentlich normal sein sollte.

Endres: Exakt. Jeder Elternteil sollte das kennen.

Hüther: Die schönsten Feedbackgespräche finden zwischen Eltern und ihren Kindern statt. Hier wird deutlich, wie ein solches Gespräch eigentlich aussehen sollte. Zuerst die Situation, dann gibt es eine unmittelbare Rückmeldung – natürlich ermutigend und konstruktiv. Schließlich folgt die Einigung, wie man in Zukunft weitermachen will.

Endres: Mit möglichst konkreten Vereinbarungen.

Hüther: Genau so müssten Gespräche in anderen Lebensbereichen stattfinden. Ich will die Wirtschaft nicht zu sehr schelten, aber vielleicht ist die Tatsache, dass dort verstärkt Feedbackgespräche stattfinden, ein Anzeichen, dass es Nachholbedarf gab? Bisher durften die Menschen, wenn sie ins Berufsleben eintraten, selten die Erfahrung einer Rückmeldung machen. Aber jeder, der eine konstruktive Rückmeldung erhält, wird es wieder erleben wollen und selbst machen. Er wird sie als wichtiges Instrument in der Zusammenarbeit mit Mitarbeitern pflegen.

Endres: Der kleine Unterschied besteht jedoch darin, dass es in der Familie eher ein spontanes Feedback gibt – exakt nach dem Ablauf, den Sie beschrieben haben. Im Unternehmen braucht es hingegen eine Rückmeldung, die grundsätzlicher Natur ist. Dort geht es um Verhaltensweisen, die besonders zu- oder abträglich sind. Mit einem Kind über sein grundsätzliches Verhalten zu sprechen, ist zwar notwendig, aber die spontane Rückmeldung scheint mir dafür nicht geeignet.

Hüther: Wir brauchen eine Kultur, egal ob in Unternehmen, Schule, Familie oder Dorf, in der sich die Menschen einladen, einander bewusst zu machen, dass man nur aus Fehlern lernen kann. Ein Kind lernt genau dadurch, dass es vieles falsch macht. Erst als Erwachsene haben wir stärker die Vorstellung, dass wir alles richtig machen müssen. Wenn wir Fehler gemeinsam besprechen und Lösungen finden, wie sich solche Fehler in Zukunft vermeiden lassen, sind wir einen Schritt weiter, denn anders können wir die Probleme, die wir haben, eigentlich gar nicht lösen.

Endres: Schön und gut, aber ein Fehler kann viel Geld kosten.

Hüther: Oder gar ein Menschenleben. Wenn der Anästhesist bei einer Operation den falschen Hahn aufdreht, kostet es ein Leben.

Endres: Aber wir setzen mit unserer Fehleranalyse meist erst ein, wenn der Fehler bereits passiert ist – in Ihrem Beispiel, wenn der Patient tot ist.

Hüther: Der Anästhesist, dem beinahe ein Patient gestorben wäre, muss ohne Scheu über diesen Vorfall sprechen können. Das ist die Kultur, die wir brauchen. In der Fragen gestellt werden dürfen: Wie ist es fast zu diesem Fehler gekommen, wie kann man im Vorfeld bestimmte Maßnahmen ergreifen, damit es kein fatales Ende gibt? Wenn der Anästhesist aber verschweigt, dass es ihm beinahe passiert wäre, erfährt es niemand – und vielleicht macht der nächste Anästhesist denselben Fehler.

Endres: Ich frage nie, wer einen Fehler gemacht hat, sondern nur, warum er entstanden ist. Daraus lernen wir. Ich bedanke mich oft für Fehler, die Mitarbeiter machen. Was ich allerdings ausschließen muss, ist, dass wir Fehler machen, die dem Unternehmen existenzbedrohend viel Geld kosten. So wie auch der Arzt ausschließen muss, dass Fehler gemacht werden, die zum Tod führen.

Hüther: Was war Ihr größter Fehler, aus dem Sie etwas gelernt haben?

Endres: Ich habe geglaubt, ich könnte Können kopieren. Was die Firma sehr viel Geld gekostet und dem Privatleben viel Unruhe eingebracht hat. Ich habe daraus gelernt, dass eine Kopie ohne eigene Ideen nie funktioniert. Und dass Können nicht kopiert werden kann. Und Ihr größter Fehler?

Hüther: Ich war früher überzeugt, dass ich anderen Menschen helfen könnte, ihr Leben zu verändern, indem ich ihnen erklärte, wie es besser wäre. Es war die besserwisserische Idee, anderen gute Ratschläge zu erteilen. Aber niemand macht nur deshalb etwas besser, weil man ihm einen guten Rat erteilt. Man kann ihn nur einladen, ermutigen und inspirieren, sich auf eine neue, eigene Erfahrung einzulassen. Aber man kann ihm das, was man für günstiger hält, nicht auf den Weg geben. Das gilt für die eigenen Kinder, für Schüler, für Studenten, und das gilt auch für Mitarbeiter.

Endres: Aber als Professor ist es doch sogar Ihr Job, Ratschläge zu erteilen?

Hüther: Es ist ein Irrtum, zu glauben, über Erklärungen und Vorschriften könnten wir irgendetwas in die Köpfe von Schülern und Studenten bringen. Das ist offenbar nicht möglich. Denn das Prägende für einen Menschen ist nicht das Wissen, sondern es sind seine Erfahrungen. Daraus werden wiederum Haltungen. Erfahrungen gehen unter die Haut, sonst sind es keine. Jede Erfahrung und die daraus erwachsende Haltung ist immer eine Kombination von emotionalen und kognitiven Anteilen. Unsere Kinder lernen nicht nur durch Erklärung, sondern auch durch eigene Erfahrungen. Wir haben als Eltern nur manchmal Glück, wenn wir ein emotional positiv aufgeladenes Vorbild sind. Dann geben wir nicht eine Information, sondern eine Erfahrung weiter.

Endres: Und bisweilen brauchen wir sehr lange, um unsere Fehler einzusehen.

Hüther: Aber wir wiederholen ja meist nicht einfach nur dieselben Fehler, sondern wir sind von der alten inneren Einstellung und Überzeugung geprägt. Und deshalb passiert einem immer wieder dasselbe.

Endres: Ich bin stets gutgläubig, dass ich jemanden überzeugen kann. Wenn es dann wieder einmal nicht funktioniert, werfe ich mir vor, nicht andere Konsequenzen gezogen zu haben. Denn an oberster Stelle steht, dass diese Organisation weiterlebt und erfolgreich ist. Da ist es nicht zielführend, wenn man im Einzelfall zu lange zu verständnisvoll ist und notwendige Entscheidungen blockiert.

Hüther: Ich möchte Ihnen ein Beispiel geben. Wenn es um schwer erziehbare Jugendliche geht, gibt es normalerweise ein standardisiertes Verfahren mit Sozialarbeitern, was bisweilen auch im Jugendarrest enden kann. Im Ruhrgebiet hingegen haben Sozialarbeiter in einem Brennpunkt einen Boxer um Hilfe gebeten. Dieser junge Mann arbeitete ein halbes Jahr mit den Problemkids. Nach einem Jahr besuchten sie alle wieder die Schule. Was war passiert? Die Führungsqualität war vorher, bezogen auf das angestrebte Ergebnis, unzureichend. Fünf Jahre wurde vergeblich versucht, diese Jugendlichen mit Wort und Tat zu unterstützen. Der Boxer hat aber nicht mit ihnen geredet und nebenbei geboxt, sondern geboxt und dabei geredet. In diesem Kontext ist Vertrauen gewachsen. Der Hebel war die authentische Begegnung auf Augenhöhe mit diesen Jugendlichen. Das hat die Jugendlichen dazu gebracht, das erste Mal in ihrem Leben darüber nachzudenken, was sie mit ihrem Leben machen wollen.

Endres: Es braucht Mut, Kompetenz und vor allem Ehrlichkeit. Und es muss den Menschen geben, der in die Begegnung geht …

Hüther: … und der diese offene Haltung und Kompetenz besitzt.

■■■ Was wir behaupten

Der Topmanager sagt:

■ Transparenz ist Ausdruck von Offenheit und Ehrlichkeit. Im persönlichen Bereich ist Transparenz Ausdruck
innerer Stärke.

■ Der Schutz gegen Wettbewerber ist nicht die Geheimhaltung, sondern die Fähigkeiten und das Können der
Mitarbeiter sowie ihre Motivation.

■ Man muss eine Bühne für Offenheit und Ehrlichkeit
schaffen. Gemeinsames Erleben ist der Schlüssel zur
gemeinsamen Beziehungskultur.

■ Statt zu fragen, wer den Fehler gemacht hat, bedankt
man sich für Fehler. Nur aus Fehlern können wir
lernen.

Der Gehirnforscher sagt:

- Wissen vor anderen zu verbergen, ist Ausdruck von Angst und eigener Schwäche.

- Nicht unserem Wissen, sondern unserem Können verdanken wir das, was wir im Leben erreichen.

- Menschen, die etwas voreinander verbergen, können sich nicht begegnen.

- Offenheit setzt Vertrauen voraus. Damit kommen wir alle auf die Welt – und hätten es auch, wenn es uns nicht von anderen geraubt worden wäre.

■ ■ ■ … und wie kann man Offenheit und Ehrlichkeit in der Bildungspraxis fördern?

Der Zusammenhalt in einem Team oder einer Gemeinschaft beginnt meist in einer Keimzelle: der Zweierbeziehung. Ein Älterer sucht sich einen Heranwachsenden und teilt seine Erfahrung mit ihm. Das altersübergreifende Lernen ist von entscheidender Bedeutung, da so nicht nur Inhalte, sondern auch Erlebnis- und Erfahrungsmuster weitergegeben werden. Und nicht nur der Jüngere profitiert von diesem Austausch. Der Ältere erhält eine neue Perspektive auf seine eigene Weltanschauung – und wird sie so vielleicht ein wenig variieren und erweitern. Aber nur, wenn dieser Austausch offen und ehrlich ist und auf gegenseitigem Vertrauen beruhen kann.

Die institutionalisierte Form dieser Zweierbeziehung ist das Mentoring. Rock Your Life! erzielt mithilfe dieses Ansatzes beeindruckende Erfolge. Die Initiative qualifiziert die Studierenden als Coaches, die ehrenamtlich Schüler aus sozial, wirtschaftlich oder familiär benachteiligten Verhältnissen mit einem strukturierten Coachingprozess auf dem Weg in den Beruf begleiten. Ziel der zweijährigen Coachingbeziehung ist es, einerseits die Schüler zu unterstützen, ihr individuelles Potenzial zu entfalten. Die Studierenden selbst erwerben als Coach andererseits praktische Fähigkeiten für den eigenen Einstieg ins Berufsleben.

»Wir glauben, dass in jedem Schüler ein Talent steckt und dass er seine Träume verwirklichen kann. Wir glauben, dass jeder Student wertvolles Wissen weitergeben kann und sich damit selbst wichtige Fähigkeiten aneignet«, sagt Philip Ihde, Geschäftsführer von Rock Your Life!.

Die Hilfestellung der Studierenden für die Hauptschüler ist dabei weit weg von klassischer Nachhilfe, denn oft wissen die Schüler nicht, welche Berufe für sie infrage kommen, was sie selbst gerne machen oder welche Voraussetzungen sie für einen Job brauchen.

Die persönliche Begleitung ist hier besonders wichtig. Insbesondere weil die Hauptschüler mit dem Makel zu kämpfen haben, dass sie auf dem Arbeitsmarkt schlechte Aussichten haben. Deshalb suchen die Coaches gemeinsam mit ihren Coachees nach interessanten Praktikumsstellen, machen sich schlau bezüglich der Anforderungen und üben Bewerbungsgespräche. »Das Ziel ist, eine selbstbestimmte und proaktive Lebenseinstellung der Jugendlichen zu fördern und ihren Glauben an die eigenen Fähigkeiten zu stärken.«

 Wie Rock Your Life! auf Offenheit und Ehrlichkeit einzahlt, erfahren Sie hier.

Erkenntnis 6:

Besitzstandswahrung ist gut.

→ **Entdeckerfreude und Gestaltungslust sind besser!**

▪ ▪ ▪ Was wir wissen

Es liegt nicht nur in der Natur des Menschen, dass er keine Veränderung will. Auch das Gehirn versucht ständig, in einem energiesparenden Modus zu agieren. Was vor allem der Fall ist, wenn Vorgänge nahezu automatisch ablaufen können. Menschen haben eine Vorliebe für Routinen – und eine Abneigung gegen jede Art von Veränderung. Ein Dilemma, wenn man bedenkt, dass ausgerechnet Veränderung das treibende Motiv der Welt ist. »Panta rhei – alles fließt«, das wusste Heraklit schon vor ein paar Tausend Jahren. Der griechische Philosoph stellte sich das Leben als großen Strom vor, in dem sich die vielfältigen Lebensformen ständig weiterentwickeln. Durch Wachstum und Fortpflanzung, durch Aufnahme von Energie und Nahrungsressourcen, durch Stoffwechsel und vielfältige Aktivitäten erzeugt jede Lebensform eine fortwährende Veränderung der Welt. Und je weitreichender und tiefgreifender diese Veränderungen sind, desto stärker müssen sich andere Lebensformen anpassen. Manche Lebewesen haben dafür keine schnellen Lösungen gefunden und sind ausgestorben.

Auch wenn die Menschheit vom Aussterben weit entfernt ist – der Druck wächst, mit den laufenden Veränderungen Schritt zu halten. Ebenfalls auf Heraklit zurück geht die Erkenntnis, dass das einzig Beständige in der Welt der Wandel ist. Doch heute, wo eine Nachricht in Sekunden von einer Seite der Welt auf die andere gelangt und Kulturen nur einen Klick voneinander entfernt sind, scheint der Wandel immer unausweichlicher. Das Festhalten an Bestehendem wirkt dabei meist konservativ oder spießig. Hinzu kommt, dass die Menschen nicht nur materielle Besitztümer festzuhalten versuchen, sondern auch feste Überzeugungen, präzise Vorstellungen und Ideen davon, worauf es im Leben ankommt. Daran hängt unser Herz fast noch mehr.

Charles Darwin hat gezeigt, dass die Evolution das Überleben sichert. Das gilt nicht nur für den Einzelnen, sondern auch für Unternehmen und Organisationen sowie für Schulen und Universitäten – sie müssen sich nicht über Nacht radikal ändern, doch langfristige Schritte sind unvermeidbar. Aber selbst diese werden oft als unzumutbar empfunden, denn die Macht der Besitzstandswahrer ist groß. Was wenig verwundert, wenn sie damit argumentieren, wie stabil und erfolgreich die Strukturen bisher gewesen wären, und sie entsprechend verteidigen. Dementgegen stünde natürlich eine ungewisse Zukunft mit Risiko und zahlreichen Unwägbarkeiten. Selbst ein schrittweiser Wandel bedeutet für viele Menschen eine enorme Herausforderung. Sie haben das Gefühl, ständig dabei bleiben zu müssen und nie gut genug zu sein. Paul Baltes sprach davon, dass es »ein Jahrhundertgefühl der permanenten Unfertigkeit« gebe. Für den Psychologen gibt es allerdings einen Ausweg: die »adaptive Flexibilität des Ichs«. Der Einzelne empfindet sich als veränderbar, entwicklungsfähig und entwicklungswillig. Oder anders ausgedrückt: Wenn ich ein Gespür für meine Talente entwickle, werden mich anstehende Veränderungen nicht aus der Bahn werfen – weil ich weiß, was ich kann und wie ich auf das Neue reagieren kann. Die Schwierigkeit besteht jedoch darin, die eigenen Motive und Werte zu entdecken, um ihnen schließlich folgen zu können – eine Lebensaufgabe.

Zahlreiche Untersuchungen belegen indes, dass Herausforderungen auf längere Sicht die Menschen glücklicher machen, als sich stets in gewohnten Bahnen und Welten zu bewegen. Entdeckerfreude und Gestaltungslust scheinen eine Art Urtrieb zu sein. Schon Jean-Jacques Rousseau hat im 18. Jahrhundert über die »Perfektibilität« geschrieben: die Fähigkeit und der Drang zur Vervollkommnung.

Mit guten Ratschlägen, Warnungen oder gar Katastrophenszenarien wird man niemanden dazu bringen, seine aus Erfahrungen entstandenen inneren Einstellungen und Haltungen zu ändern. Mit Belohnungen oder Bestrafungen auch nicht. Für den

Wandel kann man lediglich einladen, ermutigen und inspirieren. Einmal erworbene Überzeugungen loslassen kann nur jemand, der die Erfahrung machen kann, wie beglückend es ist, sich auf das Abenteuer des Lebens, auf die Lust am eigenen Entdecken und die Freude an der Nutzung seiner eigenen Gestaltungsmöglichkeiten einzulassen. Und wie damals in den Kinderzeiten offen für alles zu sein, was es zu entdecken und zu gestalten gibt. Lernlust erleben können wir Erwachsene, wenn überhaupt, nur noch aus Beobachtungen.

■ ■ ■ Darüber müssen wir reden

Endres: Besitzstandswahrung ist nach meiner Wahrnehmung der Normalfall, Veränderung ist die Ausnahme. Selbst wenn ich nur das Ziel verfolgen würde, mit dem Markt Schritt zu halten, würde das Beibehalten des Status quo nicht ausreichen. Wenn ein Unternehmen wachsen will, braucht es konstant Veränderungen. Deshalb habe ich lange Zeit nicht verstanden, warum Mitarbeiter Veränderung hassen. Und seien wir ehrlich, unter Veränderung verstehen viele bereits den Umstand, dass sie im Büro die Schreibtischseite wechseln müssen.

Hüther: Das Gehirn läuft am liebsten im Energiesparmodus. Aktivierung benötigt jedoch sehr viel Energie. Ein Beispiel: Fahrschüler bekommen am Anfang nicht selten Kopfschmerzen vom koordinierten Kuppeln, Schalten, Bremsen, Blick in den Innenspiegel, Blick in den Außenspiegel, Kontrollblick und vielem mehr. Wir alle haben das am eigenen Leib erfahren. Wie durch ein Wunder laufen diese Prozesse nach einiger Übung automatisch ab. Denn das Gehirn wandelt alles Wiederholbare in automatische Reaktionsmuster um. Unser Hirn ist ständig in einem Multitasking-

Modus, ohne dass wir unsere Aufmerksamkeit auf etwas richten müssten.

Endres: Und wenn jemand aus diesem Automatismus heraus will, muss er dann sein Gehirn wieder einschalten?

Hüther: So kann man es sagen. Man muss Energie aufbringen und aufmerksam werden. Wer diese Aufmerksamkeit auf die neue Herausforderung richtet, hat die Chance, mit Gewohnheiten zu brechen. Diese basieren auf festen Überzeugungen, auf bestimmten Vorstellungen, die im bisherigen Leben eine bestimmte Bedeutung hatten. Deshalb lösen sich so wenige Menschen von diesen eingefahrenen Mustern – schließlich gehören sie zu den geistigen Besitzständen einer Person. Alles, was bisher Bewährtes infrage stellt, irritiert die Abläufe und ist sehr anstrengend. Darauf lässt man sich nicht gerne ein.

Endres: Veränderung ist die Abkehr von Bekanntem. Was in der Regel Angst vor dem Unbekannten auslöst. Was mir aber fehlt, ist ein anderer Blick auf Veränderung. Denn sie bietet auch Freiheit, etwas Neues zu schaffen. So können Gestaltungsspielräume entstehen, die man bisher nicht hatte. Man lernt neue Menschen kennen, baut neue Netzwerke, brütet neue Ideen aus – alles großartige Chancen. Das wäre eine Perspektive, die ich mir wünsche …

Hüther: … die aber kaum jemand hat. Denn die meisten Menschen machen die Erfahrung, dass sie nichts gestalten können. Und dass es bequem ist, wenn sie einfach so weitermachen wie bisher. In einer Welt, in der man nirgendwo Halt findet, ist es hilfreich, das zu bewahren, was sich bewährt hat. Daraus erwächst die Haltung des Besitzstandswahrers.

Endres: Ich kann das gut nachvollziehen. Trotzdem fällt es mir schwer, wenn mit Veränderung eine Unterstellung einhergeht. Ein Beispiel: Zehn Jahre lang habe ich die Sicherheit der Arbeitsplätze garantiert – zuletzt sogar schriftlich. Dennoch glauben die Mitarbeiter, dass ihre Arbeitsplätze in Gefahr sind, wenn ich eine Veränderung ankündige. Dabei sollten sie doch wissen, dass ich für diese Arbeitsplatzsicherheit persönlich einstehe.

Hüther: Stimmt, aber das ist erklärbar. Auch wenn der Mitarbeiter es bei Ihnen im Unternehmen nicht erlebt, muss er jeden Tag andernorts von Entlassungen lesen. Unser Hirn ist so eingestellt, dass es sich nicht an den Ausnahmen, sondern am Normalfall orientiert. Zudem ist es sehr attraktiv, von ungünstigen Voraussetzungen auszugehen. Sie erinnern sich: der Energiesparmodus. Ich jammere und male mir negative Folgen aus. Auf diese Weise kann ich mich mit vielen anderen verbinden. Ich erlebe eine Art von Zugehörigkeit, weil ich im selben Boot sitze, nennen wir es Klageschiff. Und das Klagen hat noch einen Vorteil: Wenn es positiv ausgeht, kann ich mich trotz anderer Erwartung freuen. Wenn es negativ ausgeht, habe ich wenigstens die Bestätigung, recht gehabt zu haben. In beiden Fällen wird mein Jammern und Klagen belohnt. Das ist der Grund, warum Ihnen Ihre Mitarbeiter nicht glauben, dass ihre Arbeitsplätze sicher sind.

Endres: Das ist hirnrissige Risikominimierung.

Hüther: Aber es wird wenig Energie verbraucht.

Endres: Aber es ändert sich nichts am Muster.

Hüther: Richtig, die Haltung bleibt dieselbe. Wenn die noch nicht so fest eingefahren ist, geht es besser. Die 68er waren beispielsweise eine Bewegung, die plötzlich alles durcheinandergeworfen hat, weil sie nicht in alten Denkmustern gefangen war. Zudem haben sie sich gegenseitig bestärkt, dass sie die Welt verändern können.

Endres: Im Unternehmen tragen oft die Azubis frischen Wind ins Haus, wenn man sie lässt. Nach ein paar Jahren stellen wir allerdings fest, dass es in dieser Gruppe auch wieder Besitzstandswahrer gibt.

Hüther: Junge Menschen tragen Dynamik und Veränderungsbereitschaft in die Gesellschaft hinein. Mit zunehmendem Alter schalten sie auf energieschonendes Arbeiten um – was weder gut für die Gesellschaft noch für das eigene Gehirn ist.

Endres: Und die Jungen nehmen sich die Freiheit, bestimmte Themen anders zu denken.

Hüther: Ein interessanter Aspekt. Freiheit verbinden wir normalerweise mit dem Wunsch, sich von etwas zu befreien: von Unterdrückern oder aus schwierigen Situationen. Die größte Unfreiheit, in die man als Mensch geraten kann, ist es aber, gefangen von der Macht der eigenen Gewohnheiten zu sein. Frei nach Janis Joplin ist derjenige frei, der nichts mehr zu verlieren hat.

Endres: Im Laufe des Lebens müssen wir allerdings einen Weg finden, auf dem wir das Notwendige bewahren und gleichzeitig dem Drang nachgeben, uns an die veränderten Verhältnisse zumindest anzupassen, wenn nicht sogar sie zu antizipieren. Dann würden wir uns nicht widerwillig aus unseren Gewohnheiten herausdrängen lassen, sondern könnten uns von Anfang an darauf freuen, dass sich etwas verändert.

Hüther: Je mehr ich mich mit diesem Thema beschäftige, desto mehr stelle ich fest, dass es selbst im elendsten, abhängigsten Leben immer auch Nischen gibt, in denen es Platz für eine freie Entscheidung gibt. Selbst wenn es nur jene ist, sich für oder gegen Frühsport zu entscheiden.

Endres: Aber was fangen die Menschen mit diesen kleinen Freiheiten an?

Hüther: Sie können sich entscheiden, frei von Zwängen leben zu wollen. Aber dafür müssten sie bereit sein, auf etwas zu verzichten. Sie verzichten auf etwas, weil sie sich bewusst für etwas anderes entscheiden. Für die Partnerin verzichten sie etwa darauf, nebenbei noch andere Beziehungen zu führen. Das ist Freiheit, bei der sie nicht das Gefühl haben, in dieser einen Beziehung gefangen zu sein. An diesem Beispiel sieht man, wie schwer uns der Umgang mit dem Begriff Freiheit fällt. Es gibt auch Parteien, die sich Freiheit zwar auf die Fahne geschrieben haben, diese aber ausschließlich als Befreiung von Abhängigkeiten verstehen. Die zweite Dimension spielt keine Rolle. Als Flüchtling aus der DDR bin ich sensibler, weil ich der festen Überzeugung bin, dass es nicht ausreicht, wenn ich mich von etwas befreie. Ich muss vielmehr genau überlegen, was ich mit dieser Freiheit anfangen will. Innere Freiheit tritt nicht automatisch ein, wenn man äußere Freiheit gewonnen hat.

Endres: Wann haben Sie diese zwei Freiheiten erstmals erlebt?

Hüther: In der Pubertät. Ich hatte das Gefühl fast aller Heranwachsenden, sehr in den elterlichen Vorgaben gefangen zu sein. Als ich mich davon befreit hatte, gab es diesen Moment der Leere. Und die Frage: Was mache ich mit der frisch gewonnenen Unabhängigkeit? Als ich die Frage beantworten konnte, wusste ich, jetzt habe ich meine Pubertät überstanden. Insofern befindet sich unsere Gesellschaft in großen Teilen immer noch in der Pubertät.

Endres: Danach würden wir uns im Unternehmen gerade auf der Stufe zum Erwachsenwerden befinden. Ich versuche Handlungsspielräume zu öffnen. Was nicht ganz einfach ist, weil wir das oft nur mithilfe eines neuen Regelwerks ermöglichen können. Wichtig ist, dass die Kollegen das Gefühl haben, von Routineabläufen für eine gewisse Zeit befreit zu sein. Im Unternehmen kann dies allerdings nie zweckfrei geschehen. Die Freiheit muss genutzt werden, um ein Ergebnis zu erzielen. So fordere ich beispielsweise die oberste Managementebene bewusst auf, 20 Prozent der Arbeitszeit für Nichtstun einzuplanen. Wobei ich unter Nichtstun verstehe, dass sie sich Gedanken um die Weiterentwicklung ihres Bereichs und des Unternehmens machen sollen.

Hüther: Sind Sie persönlich aus der Pubertät heraus?

Endres: Ja. Aber innere Freiheit habe ich erst in den vergangenen Jahren in der Position als Vorstandsvorsitzender empfunden. Genießen kann ich sie deshalb, weil sie bei mir immer auch ziel- und ergebnisorientiert ist. Mit Zwängen konnte ich schon als Jugendlicher kaum umgehen. Ich war ziemlich renitent. Ich konnte und kann nur schwer ertragen, wenn mir jemand vorschreibt, was ich tun soll. Das löst bei mir bis heute enorme Energie aus, mich aufzubäumen.

Hüther: Woher kommt das?

Endres: Offenbar aus meiner Jugend. Ich kam auf ein Internat, weil ich den Lehrern in der Schule das Leben nicht gerade leicht gemacht habe. Dass ich während des Unterrichts aus dem Fenster gestiegen bin, war noch eines der kleineren Vergehen.

Hüther: Ihr Gehirn scheint in sehr jungen Jahren davon geprägt worden zu sein, dass Sie selbst unter schwierigen Abhängigkeitssituationen einen guten Ausweg finden. Sie sind immer wieder in diesem Freiheitsdrang bestätigt worden. Vielen Menschen geht es allerdings so wie Hühnern, die immer nur auf dem Hühnerhof sind. Die halten diesen Hühnerhof für die große Welt. Wenn man mit ihnen über Freiheit redet, wissen sie nicht, worum es geht. Einen Adler halten sie dann für ein merkwürdiges Huhn.

Endres: Wie macht man Hühner zu Adlern?

Hüther: Leider stellt sich die Frage im Moment eher umgekehrt: Wie macht man Adler zu Hühnern? Denn jedes Kind kommt mit einem Gefühl zur Welt, alle schwierigen Situationen meistern zu können. Sich kontinuierlich aus Abhängigkeiten zu befreien, ist eine der Grunderfahrungen. Es geht darum, Kompetenzen zu erwerben, die es uns ermöglichen, frei von Abhängigkeiten zu werden. Das Kind will sich selbst die Schnürsenkel zubinden – und wird plötzlich vom Adler zum Huhn, wenn die Mutter die Schnürsenkel zubindet. Wenn die Mutter das zum dritten Mal gemacht hat, hat das Kind den Drang verloren, selbst aktiv zu werden.

Endres: Aber irgendwo wird das Kind noch wissen, dass es sich mal selbst die Schnürsenkel zubinden könnte.

Hüther: Glücklicherweise ja. Die frühe Erfahrung, kompetent zu sein und autonom entscheiden zu können, verschwindet nicht, sondern bleibt in älteren Bereichen des Gehirns verankert. Viele Menschen suchen das halbe Leben nach dem, was sie in frühester Jugend verloren haben – vielleicht nicht gerade nach der Fähigkeit zum Schnürsenkel-Zubinden, aber nach wichtigeren Kompetenzen wie Beziehungsfähigkeit. Wenn sie dann ihr Leben wieder selbst in die Hand nehmen können, löst es in ihnen ein großes Glücksgefühl aus. Sie haben Kohärenz wiedergefunden.

Endres: Was bedeutet in diesem Zusammenhang Kohärenz?

Hüther: Kohärenz ist der Zustand, auf den alle menschliche Tätigkeit und alle Hirntätigkeit hinarbeitet: in dem alles logisch, nachvollziehbar und zusammenhängend erscheint. Oder einfacher: Alles passt zusammen. Übertragen bedeutet es: Am Anfang hat für den kleinen Jungen alles gestimmt, als er sich allein die Schnürsenkel zugebunden hat. Nicht mehr stimmig war es, als ihm seine Mutter geholfen hat. Zugunsten von Bequemlichkeit hat er auf Freiheit verzichtet und Kohärenz verloren.

Endres: Haben Sie diesen Verlust an Kohärenz auch erlebt?

Hüther: Nein, davon bin ich weitgehend verschont geblieben. Ich habe im Laufe meines Lebens ein paar einschneidende Erfahrungen gemacht, die mir gezeigt haben, dass ich mir in jeder Situation eine gewisse Freiheit schaffen kann. Meine Eltern sind aus dem Dorf, in dem ich groß geworden bin, irgendwann in eine Neubauwohnung in der Stadt gezogen. Zum Geburtstag habe ich mir dann ein Fahrrad gewünscht, auf dem ich jeden Tag zurück ins Dorf gefahren bin – immerhin 15 Kilometer.

Endres: Und deswegen sind Sie später aus der DDR geflohen?

Hüther: Nein, nicht deshalb, aber von diesem Moment an wusste ich: Mich kann niemand einsperren! Aber auch meine Flucht aus der DDR wäre sinnlos gewesen, wenn ich nicht gewusst hätte, was ich mit der neu gewonnenen Freiheit machen möchte. Ich habe mein dringendes Bedürfnis gestillt, so zu arbeiten, wie ich mir das vorgestellt hatte, und ein paar Teile dieser Welt kennenzulernen, die ich zuvor nicht habe sehen dürfen.

Endres: Wofür haben Sie Ihre Freiheit später eingesetzt?

Hüther: Ich habe mich um das gekümmert, was mir bis dahin wichtig war. Dabei habe ich gelernt, loszulassen. Diesem Umstand verdanke ich meine intensivsten Erfahrungen. Nicht in Indien, sondern direkt vor der Haustür. In mir selbst, meinen Kindern und den Menschen, mit denen ich viel Zeit verbracht habe. Da gab es unendlich viel zu entdecken – und das habe ich als große Freiheit empfunden, weil es mich mit meinem Ursprung verbunden hat. Ich habe Kohärenz erlebt.

Endres: Mir war es wichtig, frei von existenzieller Bedrohung zu werden. Ich genieße es natürlich, dass ich nicht mehr jeden Euro umdrehen muss. Schließlich habe ich die Erfahrung gemacht, wie einengend dieses Gefühl sein kann, wenn die Insolvenz vor der Tür steht. Diese gewonnene Freiheit setze ich heute ein, um Risiken eingehen zu können. Und jeder Erfolg hat ein Lusterlebnis ausgelöst, sodass mein Risikoappetit kontinuierlich gestiegen ist. Als Unternehmer muss man ständig sein Verhalten reflektieren, damit man nicht in eine Scheinwelt abrutscht oder nicht mehr kalkulierbare Risiken eingeht.

Hüther: Waren Sie je in Gefahr, dass Ihnen so etwas geschieht?

Endres: Als ich 1980 meinen Zigarrenversand gegründet habe, habe ich zunächst das Gefühl genossen, alles selbst planen und durchführen zu können. Hinzu kam das Feedback von den Kunden, das extrem positiv war, zumal ich einen Trick gefunden hatte, wie ich innerhalb von einem Tag die Ware zu den Kunden bringen konnte. Ich bin damals mit den Zigarren direkt auf das Vorfeld des Stuttgarter Flughafens gefahren und habe sie selbst auf das Gepäckband der Verteilerstelle für die Flugzeuge geladen – heutzutage ist das allein aus Sicherheitsaspekten undenkbar. Auf der anderen Seite bin ich rasend schnell an meine finanziellen Grenzen gestoßen. Aus dieser Zeit stammt die Überzeugung, dass ich mich über die Freiheit nur dann uneingeschränkt freuen kann, wenn das Ergebnis stimmt.

Hüther: Und noch mehr, wenn Sie die positiven Ergebnisse wiederholen können?

Endres: Richtig: Die Wiederholung von Erfolgen bedeutet Wachstum. Aber Wachstum nur um des Wachstums willen ist für mich keine Option. Ich bin der festen Überzeugung, dass ein Unternehmen nur einen Zweck erfüllt: den Mitarbeitern ein stabiles soziales Umfeld zu ermöglichen. Wenn ich dieses Ziel konsequent verfolge, ergeben sich Erfolg und Gewinn als notwendige Konsequenz. Um zu dieser Einsicht zu gelangen, habe ich fast 30 Jahre benötigt – und meine persönliche Karriereplanung war auch nicht unbedingt von dieser Einsicht geprägt. Bis Mitte 40 habe ich bis zum Umfallen gearbeitet – Hauptsache, das Ergebnis hat gestimmt und Wachstum ging über alles. Manche Leute kommen früher zu der Erkenntnis, bei mir hat es ein wenig länger gedauert.

Hüther: Wenn Ihnen nicht der kurzfristige Erfolg, sondern das langfristige Gelingen des Unternehmens am Herzen liegt, dann können Sie den Blick auf die Mitarbeiter richten und ihnen Freiheiten einräumen. Die Mitarbeiter werden das Gefühl haben, dass sie Einflussmöglichkeiten haben, dass sie etwas gestalten können und gebraucht werden. Aus dieser Erfahrung kann sich eine faszinierende Haltung entwickeln. Die Mitarbeiter werden sich frei entscheiden, ob sie Lust haben, zur Arbeit zu gehen. Gedanken über mögliche Sanktionen spielen dabei keine Rolle mehr, vielmehr machen sich die Mitarbeiter Gedanken über die Belastung der Kollegen. Brauchen sie mich heute noch? Kann ich jetzt überhaupt nach Hause gehen? Hier offenbart sich eine Haltung, die sich nur herausbilden kann, wenn man nicht als Objekt betrachtet wird. Belohnungs- oder Bestrafungsstrategien sind eine Sackgasse.

Endres: Manchmal muss man sich die Gestaltungsmöglichkeit auch erarbeiten. Einer meiner Vorgesetzten war ein leidenschaftlicher Controller. Im Unternehmen wurde alles gewogen und gezählt. Er hat mir beigebracht – und dafür bin ich ihm bis heute dankbar –, dass ein Unternehmen nur mithilfe eines ausgezeichneten Controllings zu führen ist. Aber natürlich kann man es auch übertreiben. Wenn Sie nur mit dem Zahlenwerk beschäftigt sind, werden Sie keine Strategie entwickeln können. Denn dafür braucht es neben Informationen über gestern und heute die Vorstellungskraft für morgen.

Hüther: Er wird Gefangener seines Controllings.

Endres: Und seine Strategie wird darin bestehen, immer mehr vom Gleichen zu machen. Denn was gestern gut war, muss auch heute funktionieren. Wenn der Markt noch nicht gesättigt und das Unternehmen im Wachstum begriffen ist, wird es auch erfolgreich sein. Aber irgendwann stoßen Sie an Grenzen. Dann führt noch mehr Kontrolle nicht mehr zu besseren Ergebnissen. Und für die meisten Mitarbeiter verbessert sich so auch nicht die Lust an der Arbeit.

Hüther: Stattdessen braucht es eine Idee, die Mitarbeiter begeistert und ihnen das Gefühl gibt, sie können mitgestalten.

Endres: Richtig. Das Problem an Ideen ist nur, dass sie sich einer Erfassung durch das Controlling widersetzen. Denn wenn Sie etwas initiieren wollen, was es so noch nie auf dem Markt gegeben hat, können Sie auf kein Modell und auf kein Zahlenwerk zurückgreifen. Natürlich entwickeln wir Businesspläne – aber sie dienen in erster Linie dazu, zwei Schritte vor dem Rand des Abgrunds anhalten zu können. Ob es aber vielleicht noch einen halben Schritt braucht, um mit einer Idee abheben zu können, sagt Ihnen nur die Erfahrung.

Hüther: Also braucht es den Ansatz, sich gegen Widerstand Freiheit zu nehmen?

Endres: Wenn Sie Freiheit lieben, dann haben Sie die Energie, sich durchzusetzen.

Hüther: Ich nehme allerdings viele Firmen nicht so wahr, als dass sie den Mitarbeitern diesen Raum gewähren können oder wollen.

Endres: Nehmen Sie zum Beispiel die Funktion eines Kundenberaters. 1978, als ich mich zum ersten Mal mit Telefonmarketing beschäftigt habe, gab es Gesprächsleitfäden, die sehr genau festgelegt haben, was der Kundenberater am Telefon sagen soll. Natürlich gab es Kollegen, die sich nicht daran gehalten haben. Sie haben sogar mit dem Kunden so gesprochen, dass er es verstanden und es ihn begeistert hat. Dabei hat sich der Kundenberater überhaupt nicht an den Gesprächsleitfaden gehalten. Er hat sich Handlungsspielraum auf seiner Ebene genommen und ihn genutzt. Statt mit Sanktionen zu reagieren, haben wir damals beobachtet, was er anders macht, und daraus das bessere System entwickelt.

Hüther: Anders gefragt: Gibt es für Sie einen Punkt, wo Sie die Freiheit des Einzelnen zugunsten der Disziplin beschränken?

Endres: Nur wenn es auf Kosten der anderen geht. Im Übrigen hilft ein Rahmen auch – schließlich ist nicht jeder perfekt diszipliniert.

Hüther: Die Frage zielte darauf ab, ob ein modernes Unternehmen zugrunde geht, wenn es nicht Freiräume für seine Mitarbeiter schafft. Lassen Sie mich das erläutern. Moderne Unternehmen erwarten von Mitarbeitern Leistungen, die sie traditionell nicht mit mehr Geld und Belohnung oder Zwang und Druck erhalten. Wir haben hier einen Entwicklungssprung vollzogen: Während früher die Bedienung von Maschinen eine der wichtigsten Aufgaben von Arbeitern war, verlagert sich der Aufgabenbereich zunehmend in den Dienstleistungsbereich. Damit sind neue Anforderungen entstanden, zum Beispiel sollen Mitarbeiter freundlich sein. Aber wie messen Sie Freundlichkeit? Wie wollen Sie Freundlichkeit bezahlen? Kann man Mitarbeiter zwingen, freundlich zu sein? Das System von Belohnung und Bestrafung greift nicht, stattdessen liegt es in der Freiheit des Mitarbeiters, darüber zu entscheiden.

Endres: Es sei denn, es reicht Ihnen diese aufgesetzte Pseudofreundlichkeit, die man aus dem amerikanischen Handel kennt.

Hüther: Stimmt, das ist etwas, was wie Freundlichkeit aussieht, sich aber nicht so anfühlt. Freundlichkeit, Dankbarkeit, Offenheit und viele andere positive Verhaltensweisen sind durch Strafe und Belohnung nicht zu erzeugen. Diese authentischen Haltungen entstehen nur, wenn das Unternehmen es mit den Freiräumen von Mitarbeitern ernst meint.

Endres: Einverstanden. Ich gehe noch einen Schritt weiter. Freiräume ohne sinnstiftende Aufgaben sind ebenfalls zum Scheitern verurteilt. Mitte der 1990er-Jahre hatte ich mich auf ein spannendes Experiment eingelassen. Eine Gruppe von Führungskräften hatte in Konkurrenz zum bestehenden Unternehmen eine eigene Firma gegründet. Zielsetzung war, dasselbe wie bisher zu machen, nur mit höherer Schlagzahl. Nach fünf Jahren war das Experiment beendet und das Unternehmen abgewickelt.

Hüther: Worauf führen Sie das zurück?

Endres: Das Verblüffende war, dass die Kernmannschaft mit allen Themen bestens vertraut war. Jeder, der beteiligt war oder von den Plänen gehört hatte, war überzeugt, dass es nur ein Erfolg werden kann. Aber als Kopie können Sie keine hinreichende Sinnstiftung für die Mitarbeiter bieten. Die höhere Drehzahl hat schließlich ihr Übriges getan. Der Erfolg blieb aus, die Mitarbeiter verloren die Lust und machten nur noch Dienst nach Vorschrift. Und dann ging alles ganz schnell. Am Ende lag es schlicht daran, dass es in diesem Unternehmen keine Fantasie für Gestaltung mehr gab, sondern nur noch den Willen, mehr vom Gleichen zu machen. Die Kopie ist verendet, weil es an Weiterentwicklung fehlte.

Hüther: Schönes Beispiel. Selbst ein neues Unternehmen wird also nur überleben können, indem es sich ständig weiterentwickelt.

Endres: Es ist beiderseitig schwierig, ohne Weiterentwicklung des Unternehmens genauso wie ohne Weiterentwicklung des Einzelnen. Insbesondere weil es meines Erachtens immer noch zu oft passiert, dass Arbeitgeber zwar Angebote machen, Freiräume schaffen oder Einladungen zur Mitgestaltung aussprechen, aber Teile der anderen Seite nicht darauf eingehen. Dabei handelt es sich um Mitarbeiter, die innerlich gekündigt haben und ihre Zeit bis zur Rente absitzen. Diese Mitarbeiter haben kein Interesse, die Gemeinschaft der Kollegen voranzubringen – im Gegenteil: Es sind diejenigen, die über ein noch so ungewöhnliches Angebot die Nase rümpfen und die sich immer exakt dann wegducken, wenn es um Einsatz für das Unternehmen geht.

Hüther: Wieder idealtypisch gesprochen: Sie können Ihrer Linie nur treu bleiben und hoffen, dass die Mitarbeiter den unglaublichen Reiz von Freiräumen doch noch für sich entdecken. Und wenn es nicht anders geht, werden Sie damit leben müssen, dass es sich einige dort dennoch bequem machen.

Endres: Einmal mehr setzen wir dabei auf Selbsterkenntnis.

Hüther: Das ist eines der Schlüsselthemen. Wir stehen in der Menschheitsentwicklung offenbar an einer Schwelle, an der es nicht mehr darum geht, dass wir uns gegenseitig belehren, sondern anfangen, uns selbst zu erkennen. Den Anspruch gibt es seit dem achten Jahrhundert vor Christus, als vor dem Eingang des Tempels von Delphi die Inschrift »Erkenne dich selbst« angebracht wurde. Und wenn Hirnforschung überhaupt einen wichtigen Beitrag leisten kann, dann den, dass sie erklären kann, warum wir so geworden sind, wie wir sind. Das erweitert unsere Möglichkeiten, verantwortlich unsere eigene Entwicklung zu gestalten.

Endres: Selbsterkenntnis ist das Ziel. Die Vorstufe ist Selbstreflexion – und die ist für viele Menschen immer noch recht schwierig.

Hüther: Womit wir von den Unternehmensthemen wieder zurück zur Bildung kommen. Eine Hauptaufgabe von Bildung muss die Fähigkeit zur Selbsterkenntnis sein. Das gelingt natürlich nur, wenn man in der Schule die Gelegenheit hatte, solche Reflexionsprozesse zu üben.

Endres: Gerade Selbstreflexion ist ein wichtiges Element, ansonsten müssen Sie das zu einem Zeitpunkt nachholen, der auch zu spät sein kann.

Hüther: Wie meinen Sie das?

Endres: Ich habe das am eigenen Leib gespürt. Als ich bereits Vorstand war, habe ich mein Arbeitspensum immer weiter erhöht, zeitlich und inhaltlich. Durch einen Zufall bin ich dann in einem Gespräch mit einer Beraterin auf das Thema Selbstreflexion gekommen – und ab diesem Tag habe ich mein Leben geändert. Ansonsten wäre ich wahrscheinlich ausgefallen mit Burn-out, Herzinfarkt, Schlaganfall, was auch immer. An dieser Stelle ist mir klar geworden: Immer mehr bedeutet nicht immer besser. Sondern immer mehr kann auch immer unproduktiver bedeuten. Man ist ständig müde, weil man konstant erreichbar ist. Man isst – wenn man es mal einrichten kann – zu unmöglichen Zeiten und meist nicht gerade gesund. Und man muss natürlich in jeder Besprechung dabei sein, denn schließlich ist man Entscheider. Und es ist natürlich ein Imagefaktor, 16 bis 18 Stunden zu arbeiten. Davon habe ich mich irgendwann frei gemacht, weil ich erkannt habe, dass die negativen Folgen nicht nur für mich, sondern auch für das Unternehmen deutlich gravierender wären als die positiven.

Hüther: Aber geben Sie damit nicht Macht und Einfluss ab?

Endres: Es kommt darauf an, was Sie darunter verstehen. Ja, ich gebe operatives Geschäft in gute Hände – nämlich in die meines Topmanagements. Damit schaffe ich Freiheit und Freiräume, über das nachzudenken, was dieses Unternehmen voranbringen kann. Ich komme auf bessere Ideen, bin erfolgreicher, und es geht alles leichter.

Hüther: Gab es einen weiteren Impuls?

Endres: Ja, von Kollegen. Außenstehende erkennen solche Probleme meist viel schneller als man selbst. Und im Vorstandsteam sprechen wir offen Themen an, die das Persönliche tangieren.

Hüther: Eine schöne Entwicklung. Viele Menschen denken, es brauche eine ordentliche Krise, damit man zur Erkenntnis kommt, sein Leben zu ändern. Das ist falsch, denn die Hirnforschung belegt, dass wir in Krisen auf archaische Notprogramme umstellen: Angriff, Flucht oder Erstarren. Das ist zwar wirkungsvoll, aber nicht gerade innovativ oder kreativ.

Endres: Was braucht es stattdessen?

Hüther: Ein Dilemma. Das ist das Beste, was einem passieren kann. Es zwingt uns zu einer Transformation. Denn zwei diametral entgegengesetzte Bedürfnisse zu vereinen, das ist unmöglich. Der größte Vorteil im Vergleich zur Notsituation ist, dass man im Dilemma noch klar denken und Alternativen betrachten kann. So findet man kreative Lösungen für die eigene Weiterentwicklung.

Endres: Was war Ihr persönlich wichtigstes Dilemma?

Hüther: Um ein anerkannter Wissenschaftler zu bleiben, hätte ich weiter Gehirne in Scheiben schneiden müssen. Ich hätte mich dabei zwar nicht weiterentwickelt, wäre aber als Wissenschaftler erfolgreich gewesen. Mir war klar: Wenn ich diese Art von Forschungstätigkeit aufgebe, werde ich komplett Neuland betreten müssen. Das war ein echtes Dilemma, doch irgendwann wusste ich, dass der universitäre Wissenschaftsbetrieb hinderlich für meine Weiterentwicklung als Wissenschaftler ist. Seitdem versuche ich, verfügbares Einzelwissen zu einem übergreifenden Bild zusammenzufügen, und kümmere mich nicht mehr um Impact-Faktoren.

Endres: Frage an den Wissenschaftler: Will das Gehirn lieber das bekannte Schlechte oder das unbekannte Gute?

Hüther: Das hängt mehr mit den Eigenschaften zusammen, die wir unseren Gewohnheiten beimessen. Nehmen Sie das Rauchen. Viele fangen in der Jugend damit an, um dazuzugehören. Sie werden Teil einer Gemeinschaft. Ich habe mit dem Rauchen angefangen, weil es mir die Gelegenheit gegeben hat, mich aus Kontexten zu lösen und sozusagen in der Qualmwolke mit mir allein zu sein. Beides beschert den Rauchern wunderbare Momente. Es ist nicht hilfreich, mit Appellen oder Verboten jemanden bewegen zu wollen, mit dem Rauchen aufzuhören. Es funktioniert nur, wenn meine schönen Erlebnisse, die ich durch das Rauchen gehabt habe, ihren Glanz etwas verlieren. Wenn ich also in ein Dilemma gerate. Etwa wenn ich abwägen muss, ob es mir wichtiger ist, den Duft einer Rose wahrnehmen oder rauchen zu können. Beides geht nicht, weil das Nikotin mein Geruchsvermögen zu sehr beeinträchtigt. Wenn ich mich für den Rosenduft entscheide, höre ich auf zu rauchen, und mein Gehirn wird das mit einem positiven Gefühl verknüpfen. Verbote oder gar diese abschreckenden Bilder auf den Packungen haben indes keine Wirkung, weil es nur kognitive Appelle sind. Sie haben nicht die Kraft, tief eingeprägte und emotional aufgeladene innere Haltungen aufzulösen.

Endres: Wenn man mit sich ein Dilemma ausficht, klingt das sinnstiftend. Wenn man aber bei Mitarbeitern etwas auslösen will, klingt es für mich zu stark nach Manipulation.

Hüther: Richtig. Wenn Sie das gezielt und bewusst einsetzen wollen, entsteht kein Dilemma beim Gegenüber. Er wird Sie im besten Fall auslachen, da Sie eine durchschaubare Strategie umzusetzen versuchen.

Endres: Ich will meine Mitarbeiter nicht manipulieren, betrachte mich aber durchaus als interner Coach meiner Mitarbeiter.

Hüther: Aber nur für einen bestimmten Teil, denn ein Telefonberater wird Sie kaum bitten, dass Sie ihn coachen?

Endres: Wenn Sie Coaching als Zweierbeziehung verstehen, wird es schwierig. Aber ich kann im gesamten Unternehmen ein bestimmtes Klima herstellen, in dem Freiräume gewährt werden. Und wenn ich unternehmensweit eine offene Diskussion zur »Faulheitsquote« initiiere, dann rege ich die Kollegen zum Nachdenken über ihr Verhalten an, etwa ob sie ihre Freiräume in angemessener Weise nutzen. Nur wer seine Freiräume nutzt, kann seine Talente entfalten.

Hüther: Wenn wir über Talent sprechen, muss ich sehr weit zurückgehen. Als ich etwa sechs Jahre alt war, haben wir Kinder aus der Nachbarschaft, vom Alter her übrigens bunt gemischt, eine Art Zoo gebaut. Im Stall haben wir Gläser zu Aquarien umfunktioniert und kleine Holzkäfige gebaut. Dann haben wir alles gefangen, was wir finden konnten. Zum Beispiel Libellenlarven, die mit Kaulquappen gefüttert werden mussten. Die anderen Kinder des Dorfes durften unseren Zoo besuchen, mussten aber Eintritt bezahlen – mit einem Stück Kuchen oder einem Bonbon. In dieser Peergroup war, wenn man Unternehmensmaßstäbe anlegen würde, ein begabter Unternehmer, der sich diesen »Eintritt« überlegt und uns damit den Unterhalt des Unternehmens gesichert hatte. Dann gab es einen, der gerne die Käfige gebaut hat. Ich selbst habe vor allem geforscht. Schon damals hat mich brennend interessiert, wie sich eine Larve in eine Libelle verwandelt. Ich konnte mich aber nur auf diese eine Aufgabe konzentrieren, weil es eben den Handwerker und den Zoodirektor in unserem Team gab.

Endres: Was war das Besondere an diesen Larven?

Hüther: Es ging mir um mehr als um diese Larven. Ich wollte erkennen, wie das Leben funktioniert, und es in seinem Wesen begreifen. Das hat in mir etwas ausgelöst, was bis heute anhält: Ich stelle nicht die Frage, wie etwas ist, sondern wie etwas zu dem werden kann, wie es ist. Wie kann aus so einer gefräßigen Larve ein so farbenreiches Insekt werden. Das hat mich brennend interessiert.

Endres: Wann haben Sie für sich festgestellt, dass Sie diesbezüglich Talent haben?

Hüther: Von Anfang an. Und alle um mich herum haben es gespürt. Jedes Mal, wenn ich von diesem Werden und Gewordensein erzählt habe und noch heute erzähle, merke ich, wie leidenschaftlich ich dabei bin. Das Interessante an diesem komischen Talent ist, dass man zunächst gar keine Anerkennung bekommt. Selbst im Studium war dieses Interesse ziemlich ungewöhnlich. Und in Prüfungen kann man damit gar nichts anfangen.

Endres: Ihre Bücher verkaufen sich sehr gut, Sie sind ein gefragter Gesprächspartner und Vortragsredner. Offenbar haben Sie ein Talent, komplizierte Sachverhalte anschaulich und verstehbar zu machen. Ist das nicht sehr gut gelaufen?

Hüther: Dass ich eine gewisse Zahl an Büchern verkaufe und Rückmeldungen von Lesern bekomme, dass ich ihnen weitergeholfen hätte, ist nur das Sahnehäubchen. Meine eigentliche Belohnung ist es, bestimmte Phänomene zu erkennen und festzustellen, dass ich entlarven kann, wie sie entstanden sind. Dafür gibt es nicht viel Anerkennung. Aber es macht mir sehr viel Spaß. Oder mehr: Es ist für mich erfüllend!

Endres: Da sind wir wirklich sehr unterschiedlich. Mich hat es nie interessiert, warum eine Hand fünf Finger hat. Meine Überlegungen richten sich in die Zukunft: Wie können wir es schaffen, dass sie demnächst sechs Finger hat, und nicht, wie das alles entstanden ist. Mich hat immer die Frage angetrieben, wie man Gutes noch besser machen kann.

Hüther: Welche Aufgabe hätten Sie in unserem Zoo übernommen?

Endres: Die Vermarktung, die Akquisition der Zuschauer und die Kalkulation des Eintritts. Und ich hätte einen Plan gemacht, wie wir wachsen können.

Hüther: Wann ist Ihnen dieses Talent bewusst geworden?

Endres: Nicht als Kind und schon gar nicht zu Beginn meines Berufslebens. Damals bin ich in den komplett falschen Job eingestiegen. Ich habe Fotograf gelernt, dann Fotoingenieurwesen studiert. Da hat mir das anspruchsvollste Segment Spaß gemacht: Wellenoptik und Holografie. Der Grund war einfach: Ich hatte einen großartigen Professor, der mich mit seinem Engagement für dieses Thema begeistert hat. Während des Studiums habe ich in einer Firma gearbeitet, die diese Geräte hergestellt hat. Es war wirklich etwas Besonderes, denn es gab nur ein, zwei Firmen in Deutschland, die Holografien herstellen konnten. Meine Aufgabe bestand darin, herauszufinden, welche Entwicklungsmethode zur höchsten Präzision einer fotografischen Platte führt. Mein Ergebnis am Ende des Tages war so unglaublich gut, dass der Chef es fast nicht glauben konnte. Das Problem war: Ich wusste nicht mehr, welche Chemikalien ich in welchem Verhältnis eingesetzt hatte. Ich hatte einfach ausprobiert, aber nichts notiert. So richtig geeignet für das wissenschaftliche Arbeiten war ich anscheinend nicht.

Hüther: Ab wann konnten Sie dann Ihre Vermarktungsbegabung einsetzen?

Endres: Das hat noch ein wenig gedauert. Ich bin erst einmal als Fotoingenieur zu Kodak gegangen und war kurze Zeit im Produktmanagement für medizinische Röntgenfotografie tätig. Ich hatte zwar einen tollen Chef, aber der Job war immer noch nicht der richtige. Dann bin ich ins Marketing und habe zum ersten Mal gemerkt: Wow, das könnte mein eigentliches Talent sein. Wobei, wenn ich zurückdenke, habe ich es schon vorher gespürt. Ich habe geahnt, dass mein erster Job bei Kodak nicht wirklich passt, aber die Firma hatte einen hervorragenden Ruf, und ich wollte unbedingt dort arbeiten. Und was ich damals schon konnte und heute anscheinend immer noch ganz gut beherrsche, ist, Menschen zu begeistern und zu überzeugen. Deswegen habe ich damals den Job bekommen, obwohl ich der definitiv Falsche dafür war.

Hüther: Also haben Sie eine Zeit lang Ihr Talent nicht entfalten können?

Endres: Es scheint so, und ich glaube auch, dass es vielen so geht. Selbst wenn man erkannt hat, was man kann, muss man es mit anderen Zielen im Leben in Einklang bringen: mit wirtschaftlichen Notwendigkeiten, Familiengründung, Existenzabsicherung und vielem anderen mehr. Ich habe eines sehr schnell begriffen: Wenn ich erfolgreich und geschickt arbeite, sodass ich auf der Karriereleiter nach oben komme, dann verdiene ich ausreichend Geld, damit meine Familie und ich ohne Sorgen leben können. Das war mein Antrieb.

Hüther: Das klingt für mich nicht unbedingt nach der Umsetzung dessen, was Sie innerlich antreibt und wo Ihre Talente schlummern.

Endres: Stimmt, bis Mitte 40 war ich eher ein Getriebener, über meine Talente oder Fähigkeiten habe ich mir kaum Gedanken gemacht. Ich war dauernd angespannt wie ein Flitzebogen und wollte Vorstand werden. Als ich es schließlich geworden bin, kamen viele glückliche Umstände zusammen, sodass ich meine Begabung als Unternehmer und Gestalter ausleben konnte. Das war nicht nur mein Verdienst, denn ich hatte auch Glück. Die vergangenen 15 Jahre meines Berufslebens waren das Paradies für mich. Aber es hat gedauert, bis ich diesen Zustand erreicht habe.

Hüther: Es ist nicht immer einfach, Talent und Zwänge in Einklang zu bringen. Ich bin aber überzeugt, dass es entscheidend ist, dass man im Laufe seines Lebens seine Begabung leben und zeigen kann. Dann richtet man in aller Regel den Fokus seiner Aufmerksamkeit nicht auf die Bewahrung des Erreichten, sondern schaut offen nach vorne.

Endres: Ich hatte das Glück, oft die richtigen Chefs zum richtigen Zeitpunkt zu haben. Sie haben mir als Vorbilder gedient. Allerdings entdecke ich parallel zur eigenen Entwicklung immer weniger Menschen, an denen ich mich aufgrund ihrer persönlichen Fähigkeiten orientieren kann.

Hüther: In jedem Leben gibt es Phasen, in denen bestimmte Potenziale erst zur Entfaltung kommen.

Endres: Diese Potenziale wird man im Alter von 20 Jahren eher weniger entwickeln.

Hüther: Genauso wenig wie Umsicht oder vielleicht eine weniger impulsive Ader. Dafür benötigt es ein gewisses Alter und eine gewisse Reife. Seit ich versuche, einer größeren Allgemeinheit verständlich zu machen, was innerhalb der vergangenen Jahre in der Hirnforschung entdeckt wurde und welche Bedeutung das für jeden Einzelnen haben kann, stelle ich fest, dass ich mein eigenes Potenzial bei Weitem noch nicht ausgeschöpft habe. Transformationsprozesse in Unternehmen oder in Schulen zu begleiten und deren Realisierung zu planen, sind komplettes Neuland für mich. Das Talent, etwas, was er bekommt oder mitgebracht hat, auch in der Praxis umzusetzen, wird von einem Wissenschaftler nicht erwartet.

Endres: Ganz anders als bei mir. In meinem Job geht es nicht zuletzt um eine erfolgreiche Umsetzung von strategischen Zielen. Ich bin ein Umsetzer.

Hüther: Wenn ich etwas umsetzen muss, gehe ich meinem Talent entsprechend vor. Ich versuche herauszufinden, wie etwas, das gut ist, so gut werden könnte, wie Könner eine solche Idee in die Tat umgesetzt haben. Das Wissen setze ich dann in meinen Projekten ein. Ich orientiere mich also an den Umsetzern in dieser Disziplin und lerne von ihnen, wie es gehen kann.

Endres: Ich habe die Erfahrung gemacht, dass Könner ihr Können meist schlecht erklären können. Wissen hingegen ist einfacher zu vermitteln. Aber Können entsteht durch die Kombination von Talent und Übung. Zu erklären, was dabei geschieht, ist äußerst schwierig. Beispiel Handwerk: Der Meister kann es und gibt sein Wissen an den Lehrling weiter. Aber ohne Übung wird es auch dem begabtesten Lehrling nie gelingen, einen funktionstüchtigen und schönen Stuhl zu erstellen, so wie es der Meister kann.

Hüther: Ich habe dieselbe Beobachtung gemacht. Ich war in sehr vielen Schulen und habe einige gesehen, die eine so gute Lern- und Beziehungskultur entwickelt haben, dass die Schüler sogar weinen, wenn die Ferien beginnen. Wenn ich die Schulleiter frage, woran das liegt, bekomme ich selten eine befriedigende Antwort.

Endres: Was ist das Geheimnis außergewöhnlicher Schulen?

Hüther: Wenn es dort – absichtlich oder nicht – gelungen ist, ein tragfähiges Bündnis zwischen Lehrern, Eltern, Schulleitung und möglichst auch den Schülern zu schmieden. Alles andere ist Beiwerk. Aber wenn sich diese Gruppen einig sind und ein Gefühl der Zusammengehörigkeit vorhanden ist, setzen sie einen gemeinsamen Prozess in Gang, der genau die richtigen Lösungen für diese Schule findet.

Endres: Im Unternehmen sind sich selten alle einig. Aber ich bekomme täglich direkte Rückmeldungen. Und wenn es gelungen ist, jemanden zu begeistern, wird dieser Kollege dem Unternehmen lang erhalten bleiben – denn Sie können sehr gut beobachten, wie sich dieser Mensch entwickelt.

Hüther: Gibt es für Sie ein besonderes Erlebnis, das sich eingeprägt hat?

Endres: Im Laufe meines Lebens habe ich schätzungsweise über 1000 Mitarbeiter eingestellt. An viele erinnere ich mich nicht mehr. Aber ein Muster habe ich erkannt: Ich war bei vielen Mitarbeitern überzeugt, dass sie eine bestimmte Aufgabe perfekt erfüllen können, obwohl ausnahmslos keiner das zu jener Zeit von sich selbst geglaubt hat. Das Verblüffende: In den meisten Fällen hat sich mein Eindruck beängstigend gut bestätigt. Als ich unseren Juristen zum Verantwortlichen für den gesamten Telefoniebereich gemacht habe, meinten zunächst er und dann die Personalabteilung, dass ich nicht mehr ganz zurechnungsfähig wäre. Nun, es war eine meiner besten Personalentscheidungen – für den Juristen und den Bereich. Ich kann das nicht begründen, aber meine Erfahrung ist ein verlässlicher Kompass.

■ ■ ■ Was wir behaupten

Der Topmanager sagt:

- Ein Unternehmen existiert, um das soziale Umfeld seiner Mitarbeiter zu stabilisieren. Wachstum und Gewinn sind eine (notwendige) Folge.

- Die bei Mitarbeitern so unbeliebte Veränderung ist die Grundlage für Wachstum. Die Führungskräfte sollten so zu Veränderung einladen, dass sie als Befreiung vom Alten und als Chance auf etwas Neues empfunden wird.

- Führungskräfte der oberen Hierarchieebene müssen 20 Prozent ihrer Zeit für das »Nichtstun« einplanen. Diese freie Denkzeit ist entscheidend für die Entwicklung der Firma.

- Talent allein reicht nicht. Nur in Zusammenhang mit Üben (innerhalb der eingeräumten Freiräume) entsteht Können. Können ist der Wettbewerbsvorteil in dynamischen Märkten. Es kann nicht kopiert werden.

Der Gehirnforscher sagt:

- Besitzstandswahrung ist das Gegenteil von Potenzialentfaltung.

- In jedem Menschen steckt ein begeisterter Ent-
decker und Gestalter. Er kommt immer dann zum
Vorschein, wenn die betreffende Person in ihrem
Element ist.

- In seinem Element ist ein Mensch immer dann, wenn
er etwas macht, was seinem Talent entspricht.

- Wer etwas tun darf, was seinem Talent entspricht,
entwickelt Können und wird ein Meister seines
Faches.

- Bei Kindern entdeckt man verborgene Talente, indem man sie beim freien, unbekümmerten und
ergebnisoffenen Spielen beobachtet.

■ ■ ■ … und wie kann man Entdeckerfreude und Gestaltungslust in der Bildungspraxis fördern?

Ein besonderes Angebot, einen ungewöhnlichen Blick auf die eigenen Fähigkeiten zu werfen, bietet die Initiative Rock it Biz. Sie will Kinder ab zwölf Jahren aller Kulturen und mit unterschiedlichen sozialen Hintergründen für das Unternehmertum begeistern. »Aufgrund des gesellschaftlichen Paradigmenwechsels halten wir unternehmerisches Wissen für eine der wichtigen Kernkompetenzen, um ein selbstbestimmtes Leben führen zu können«, ist Geschäftsführerin Martina Neef überzeugt.

Schüler erarbeiten in diesem Projekt den gesamten Prozess eines Start-ups: von der Entwicklung einer unternehmerischen Idee über die Firmengründung und Produktentwicklung, Aufgabenverteilung, Generierung von Kapital bis hin zum Verkauf. Rock it Biz schenkt Selbstvertrauen in die eigenen Fähigkeiten, zeigt spielerisch auf, wo mögliche Talente schlummern, und lässt die Kinder erleben, wie sie etwas auf die Beine stellen. Martina Neef kennt die Vorbehalte gegen ein solches Projekt, schließlich muss nicht jedes Kind gleich Unternehmer werden. »Jeder, egal ob Mädchen oder Junge, ob mit Hauptschulabschluss oder Abitur, braucht unternehmerische Fähigkeiten. In der Zukunft noch mehr denn je.« Denn, so ist sie überzeugt, unsere Gesellschaft bewege sich zunehmend jenseits fester Strukturen. Deshalb seien Menschen gefragt, die eigenverantwortlich handeln und andere begeistern können. In Schulen werde heute zwar viel Wissen vermittelt, selten aber hätten Kinder die Möglichkeit, das Erlernte früh auszuprobieren und sich zu beweisen, wie wertvoll dieses Wissen in der Praxis ist.

Dieselbe Überzeugung teilt die Initiative Network For Teaching Entrepreneurship, kurz NFTE. Die Verantwortlichen sind überzeugt, dass darüber nachgedacht werden muss, wie unsere Zukunftsfähigkeit gesichert werden kann. Wirtschaft und Gesellschaft sind darauf angewiesen, dass es gut ausgebildete junge Menschen gibt, die eigenverantwortlich eingefahrene Wege verlassen und neue Schwerpunkte setzen, ohne sich dabei von der Angst blockieren zu lassen, Fehler zu machen. NFTE versteht sich dabei als Versuchslabor, in dem vor allem Pädagogen angstfrei ihre Fähigkeiten weiterentwickeln und ihrer unter Umständen eingerosteten Entdeckerfreude wieder freien Lauf geben können. Die Fortbildung ist für engagierte Lehrerinnen und Lehrer mit besonderem Interesse am Bereich Wirtschaft gedacht. Sie lernen, wie sie Schüler entsprechend deren individuellen Stärken und Interessen in einem kreativen Prozess lehren können, eine Geschäftsidee zu entwickeln und einen Businessplan zu erarbeiten. Jugendliche mit geringen beruflichen Aussichten werden so eingeladen, ihre Talente zu entwickeln und ihre Zukunftschancen zu verbessern. Das Besondere: »Der NFTE-Kurs setzt individuell bei jedem einzelnen Schüler an und stärkt mit einer Pädagogik der Ermutigung und individuellen Förderung seine Persönlichkeit und wirtschaftlichen Kenntnisse«, sagt Programmdirektorin Kyra Prehn. Bislang wurden über 1000 Lehrerinnen und Lehrer zertifiziert, mehr als 60 Lehrertrainings durchgeführt. Damit konnten an über 550 Schulen in 13 Bundesländern mehr als 450 Kurse realisiert werden.

Wie Rock it Biz und Network For Teaching Entrepreneurship auf Entdeckerfreude und Gestaltungslust einzahlen, erfahren Sie hier.

Erkenntnis 7:

Ergebnisorientierung ist gut.

→ **Achtsamkeit und Umsicht sind besser!**

▪ ▪ ▪ Was wir wissen

Das Gehirn tut nicht mehr, als es muss. Wer also etwas aus sich und seinem Dasein machen will, braucht dafür einen guten Grund – zumindest aus Sicht des Gehirns. Was ein Mensch vermag, was er weiß und was er kann, was er zu sehen und zu begreifen imstande ist und wie gut er sein Leben und seine Beziehungen gestalten kann, hängt davon ab, wie komplex die neuronalen Vernetzungen werden, die ein Mensch im Verlauf seines Lebens in seinem Gehirn herausbildet.

Um dieses Netz mit vielen Knotenpunkten bauen zu können, braucht es eine Umgebung, in der es darauf ankommt, das eigene Denken, Fühlen und Handeln immer wieder durch neue Herausforderungen zu erweitern. In der gegenwärtigen Welt kommen wir nicht mit ein paar wenigen Bewältigungsstrategien zurecht. In dieser Welt reicht es nicht aus, diese Strategien immer wieder auf dieselbe Weise einzusetzen, um sich im Leben zurechtzufinden und Beziehungen zu gestalten. In dieser Welt werden wir diese Strategien auch nicht so lange und so erfolgreich einsetzen können, bis die neuronalen Verknüpfungen, die diesen wenigen Denk- und Verhaltensmustern zugrunde liegen, so stark gebahnt und gefestigt worden sind, dass sie wie Autobahnen funktionieren. Denn sobald sich die bisherigen Gegebenheiten und Verhältnisse zu verändern beginnen, fällt es schwer, von diesen wenigen und meist auch nur sehr kurzen Autobahnen wieder herunterzukommen. Und wer eine Abfahrt nach der anderen verpasst, macht in der Regel so weiter wie bisher. Weil er über keine anderen Optionen verfügt. Und weil das Ausmaß an Konnektivität im eigenen Gehirn zu dürftig entwickelt ist.

Dieses Unvermögen hat einen hohen Preis: Angst, Verunsicherung, Ohnmacht und Hilflosigkeit sind die Folgen. Ihre letzten Rettungsinseln sind Zwanghaftigkeit, Engstirnigkeit und ein Drang zur Rechthaberei.

Wie aber können sich das Ausmaß und die Intensität neuronaler Vernetzungen so komplex wie möglich entwickeln? Antwort: Die Erfahrungen sollten möglichst komplex sein. Was jedoch nur gelingt, wenn man sich bemüht, genau hinzuschauen, präzise wahrzunehmen und ebenso behutsam wie umsichtig mit allem umzugehen.

Achtsamkeit heißt das Geheimnis, das einen Menschen schützt, sich Autobahnen im Gehirn zu bauen und zeitlebens mit Scheuklappen herumzulaufen.

Achtsamkeit ist das Gegenteil von Oberflächlichkeit, bei der wir auf nichts achten und uns alles egal ist. Achtsamkeit ist aber auch etwas anderes als fokussierte Aufmerksamkeit, mit der man ein bestimmtes Ziel verfolgt und auf ein definiertes Ergebnis hinarbeitet. In der Wirtschaft nennen wir das Ergebnisorientierung. Eine Zielgröße, bei der die gesamten Kräfte eines Unternehmens gebündelt werden, um ein bestimmtes Ziel zu erreichen. Bei dieser Fokussiertheit besteht jedoch die Gefahr, Möglichkeiten zur weiteren Entwicklung zu verpassen. Wer sich etwa darauf konzentriert, besonders viele Kerzen zu produzieren, kann Gefahr laufen, nicht zu bemerken, dass längst die Elektrizität für die Beleuchtung in Wohnungen sorgt.

Der Zustand der Achtsamkeit zeichnet sich dadurch aus, dass wir offen für alles sind, was um uns herum passiert. Wir haben kein konkretes Ziel im Sinn – und deshalb sind alle Sinne auf Empfang gestellt. Nur so können wir wahrnehmen, was wir sonst leicht übersehen und überhören.

Wer achtsam unterwegs ist, für den ist die Welt reicher als für jemanden, der nur auf das achtet, was zu seinem Weltbild passt. Für ihn ist die Welt zwangsläufig auch vielfältiger und bunter. Die Konsequenz: Es kommt mehr im Gehirn an, und in den multimodalen assoziativen Bereichen des Gehirns kann mehr von diesem komplexen Input miteinander verknüpft werden. Achtsamkeit ist die entscheidende Voraussetzung für die Herausbildung möglichst komplexer Beziehungsmuster im menschlichen Gehirn.

Das Faszinierende ist, dass dieser Prozess nahezu unendlich ist. Wer sich früh mit Achtsamkeit in der Welt bewegt, entwickelt von Anfang an ein reichhaltigeres Spektrum an Verknüpfungen. Diese wiederum verknüpfen sich auf vielfältigere Weise mit bereits verankerten Sinneserfahrungen. Wer also ein großes Netz hat, wird es automatisch immer stärker erweitern. Wer nur ein paar Autobahnen hat, ist gezwungen, sie auch dann zu verwenden, wenn sie nicht ans Ziel führen.

Die gute Nachricht: Auch wenn es anstrengend ist, in den Zustand der Achtsamkeit zu gelangen – es ist möglich. Und zwar allein deshalb, weil wir uns am Anfang des Lebens alle einmal sehr achtsam auf den Weg gemacht haben. Als Kinder wissen wir (noch) nicht, worauf es im Leben ankommt. Alles ist wichtig. Wir achten und beachten alles. Deshalb können wir während der ersten Lebensjahre so viel lernen. Deshalb stellen wir, wie Entwicklungspsychologen jetzt nachgezählt haben, als Vierjährige über 400 Fragen pro Tag.

Achtsam zu sein, ist also nicht etwas, was uns erst beigebracht werden muss. Achtsam kommen wir auf die Welt. Wir müssten diese Fähigkeit nur besser bewahren.

■ ■ ■ Darüber müssen wir reden

Hüther: Ergebnisse und Erfolge sind interessant und machen deutlich, was man im Leben geschafft hat. Aber wichtiger als das erreichte Ergebnis ist die Art und Weise, also der Weg, wie man dahin gekommen ist.

Endres: Aber die Frage ist schon erlaubt, welche Ziele Sie in Ihrem Leben verfolgen?

Hüther: Natürlich, ich mache mir immer wieder klar, dass ich auf dieser Welt nicht alleine leben kann. Ich versuche an andere weiterzugeben, was ich mir an Kenntnissen und Fähigkeiten angeeignet habe. Aber dafür muss ich die anderen in mein System, in meine Gedanken und in meinen Lebensbereich hineinlassen. Im christlichen Wertesystem nennen wir das Nächstenliebe. Ich lehne niemals einen Menschen ab, denn ich weiß, dass in jedem Menschen etwas verborgen ist, das sehr wichtig sein kann – schließlich hat dieser andere Mensch Erfahrungen gemacht, die ich nicht machen konnte.

Endres: Auf der Werteskala unserer Gemeinschaft würde ich das ebenfalls unter Nächstenliebe einstufen. Ich gestehe gerne zu, dass der Begriff meist im christlichen Umfeld verwendet wird. Ich bin mir sehr wohl bewusst, dass ich zu den Privilegierten in dieser Welt gehöre. Und dass es meine Aufgabe in dieser Position ist, andere daran teilhaben zu lassen. Nicht jeden, so wie Sie es mit Ihrem Wissen tun, aber viele. Und wenn wir es nicht Nächstenliebe nennen wollen, dann vielleicht Achtung, Wohlwollen oder Hinwendung. Es fällt mir schwer, einen Unterschied zum Begriff Nächstenliebe auszumachen.

Hüther: Wir finden für diese Art des Umgangs miteinander offenbar nicht mehr die richtigen Worte. Ich kann nicht dieselben Begriffe aus dem vorigen Jahrhundert verwenden, um eine Situation zu umschreiben, die gerade im Entstehen ist. Nächstenliebe kann ich es nicht nennen. Ich liebe Sie nicht, Herr Endres. Aber ich schätze Sie so sehr, dass ich mit Ihnen in diesen überaus interessanten Dialog gehe.

Endres: Auch auf die Gefahr hin, dass Ihnen dieser Begriff aus der Zeit gefallen vorkommt: Wertschätzung.

Hüther: Wertschätzung ist bereits das Ergebnis eines Prozesses, der in mir abgelaufen ist. Was aber ist es, was mich oder Sie dazu bringt, einen Mitarbeiter wirklich wertzuschätzen?

Endres: Ich finde es wichtig, dass sich unsere Mitarbeiter an etwas orientieren können. Und deshalb sind diese Begriffe wichtig. Vielleicht haben sie vor 100 Jahren nicht gegolten und werden in 100 Jahren auch wieder anders besetzt sein. Aber wenn ich ein konkretes Leitbild beschreiben möchte, benötige ich einen Rahmen mit bestimmten Wertbegriffen.

Hüther: Aber Sie wünschen sich auch Mitarbeiter, die nicht deshalb pünktlich sind, weil Sie das vorgeschrieben haben, sondern denen es ein inneres Anliegen ist, das Beste für Ihr Unternehmen zu leisten?

Endres: Ja, aber sie sollen es erstens aus Spaß machen, zweitens aus der Erkenntnis, dass es für das System Unternehmen wichtig ist, und drittens, weil ihnen etwas an der Gemeinschaft liegt.

Hüther: Den Spaß würde ich streichen ...

Endres: … auf keinen Fall, das ist ein ganz wichtiger Punkt!

Hüther: Pünktlich sein muss nicht unbedingt Spaß machen.

Endres: Ein Produkt zeitgerecht fertigzustellen, ist ein großer Spaß, wenn es mit einem Erfolgserlebnis verbunden ist.

Hüther: Wenn ich Sie richtig verstehe, wünschen Sie sich Mitarbeiter, die Herausforderungen in Form einer betrieblichen Aufgabe selbst zu einem pünktlichen Abschluss führen. Das sind intrinsische Motive, die mit Ihren Wertvorstellungen erst einmal wenig zu tun haben.

Endres: Um ein gemeinsames Ziel formulieren zu können, braucht es Rahmenbedingungen, die von jedem verstanden werden. Wenn ich die Mitarbeiter auffordere, pünktlich zu sein, kann sich jeder darunter etwas vorstellen – egal, ob er diesen Wert in seinem Innersten teilt oder einen anderen für wichtiger erachtet.

Hüther: Hirntechnisch kommen Sie so in eine Kollision. Sie wünschen sich, dass die Mitarbeiter aus Überzeugung und Verbundenheit gegenüber dem Unternehmen pünktlich sind. Zum anderen ordnen Sie Pünktlichkeit an. Das ist ein Widerspruch, der meines Erachtens nicht dauerhaft aufrechtzuerhalten ist. Man könnte es damit vergleichen, dass ein Kind freiwillig lernt und gleichzeitig zum Lernen gezwungen wird. Dabei bleibt nur eines auf der Strecke: die Lust, zu lernen.

Endres: Hirntechnisch mag das so sein, aber meine Erfahrung zeigt mir: Die Mischung macht's.

Hüther: Jede Form von äußerem Druck, der Menschen sagt, wie sie sich zu verhalten haben, verhindert, dass sie die Bereitschaft entwickeln, sich so zu verhalten, wie Sie es sich wünschen. Da gibt es keine Grauzone.

Endres: Das habe ich anders erlebt. Aber ich akzeptiere Ihre Vision. Und hirntechnisch sind Sie der Experte. Aber ich beobachte täglich die Situation in der Gesellschaft – nicht nur im Unternehmen –, weshalb wir versuchen müssen, uns davon Schritt für Schritt zu entfernen und das Bessere anzustreben.

Hüther: Verstehen Sie mich nicht falsch, auch ich möchte nicht den großen Sprung propagieren. Da bin ich Realist genug, um zu wissen, dass er nicht gelingen wird. Ich sehe nur die Gefahr, dass wir auf der Stelle treten, wenn wir das Gegenwärtige einfach so akzeptieren, wie es ist. Deshalb betrachte ich das Gegenwärtige immer unter dem Gesichtspunkt, wie es weiterentwickelt werden kann.

Endres: Da sind wir uns einig. Ich stehe ja für unternehmerische Innovation. Konstante Weiterentwicklung ist quasi in der DNA eines solchen Unternehmens angelegt. Die Frage, die ich den Mitarbeitern und mir beantworten muss, ist nur, wohin diese Entwicklung gehen wird. Blick zurück: Vor etwa zehn Jahren habe ich das Ziel formuliert: »Wir verdoppeln den Umsatz innerhalb von fünf Jahren.« Für die Mitarbeiter war dieses Ziel zwar unrealistisch, aber sie wussten genau, wohin es gehen soll. Und natürlich haben sie mich gefragt, wie wir das erreichen sollen. Meine Antwort: »Ich weiß es auch nicht, aber ich bin mir sicher, wir können das.« Und wir konnten es, wir haben den Umsatz sogar mehr als verdoppelt.

Hüther: Und schon wieder sind wir uns einig. Denn es geht Ihnen eigentlich nicht um Werte, sondern wohin Sie mit dem Unternehmen wollen. Anders formuliert: Sie spannen Erfahrungsräume auf, die es Ihren Mitarbeitern ermöglichen, eine andere innere Haltung zu entwickeln, die dazu führt, dass sie sich auf eine bestimmte Weise verhalten. Im Vergleich: Diese Haltung passt vielleicht zu dem, was in der Bibel zum Thema Nächstenliebe steht. Großartig! Aber sie ist nicht deshalb entstanden, weil sie in der Bibel steht.

Endres: Einverstanden.

Hüther: Lassen Sie mich noch mal Ihr Wort »Pünktlichkeit« aufgreifen. Diszipliniertes Verhalten kann entweder das Ergebnis von Selbstdisziplin oder Gehorsam sein. Am Verhalten können Sie es nicht unterscheiden. Das sieht in beiden Fällen gleich aus, eben pünktlich oder akkurat. Aber dahinter verbergen sich zwei ganz unterschiedliche Haltungen. Deshalb müssen Sie sich entscheiden, was Ihnen wichtiger ist. Gehorsame oder selbst disziplinierte Menschen? Für mich ist klar: Wenn Sie Selbstdisziplin wecken wollen, wirkt Disziplinierung kontraproduktiv.

Endres: Leider funktioniert Selbstdisziplin statt Gehorsam im wahren Leben vielleicht nur bei einem Drittel.

Hüther: Das ist doch eine sehr gute Quote. Die Herausbildung von Selbstdisziplin wird in aller Regel in den bisherigen Bildungskarrieren eher unterdrückt als gestärkt.

Endres: Das bedeutet, dass man 70 Prozent der Menschen über Gehorsam erreicht. Deshalb muss ich die Mehrheit über Regeln steuern, sprich durch Disziplinierungsmaßnahmen.

Hüther: Es liegt in Ihrer Hand, diese Quote zu erhöhen, indem Sie Ihren Mitarbeitern Gelegenheit geben, selbst Verantwortung für ihre Arbeit zu übernehmen. Wer sich als selbstwirksam erlebt und etwas tut, was ihm wirklich wichtig ist, wird sich nicht nur anstrengen. Er wird sich auch selbst disziplinieren.

Endres: Unternehmen sind der natürliche Ort, ideale Ergebnisse zu produzieren. Und zwar Ergebnisse, die durch Wettbewerb angeregt und reguliert werden. Aber in der Regel soll heutzutage am Ende vor allem eines stehen: Profit. Das ist jedoch viel zu wenig. Er ist weder nachhaltig noch sinnvoll und motivierend. Normale Menschen mit einem natürlichen Drang nach Weiterentwicklung können in diesem System eigentlich kein optimales Ergebnis erzielen. Wenn ich aber überzeugt bin, dass Unternehmen in erster Linie deshalb existieren, um den Mitarbeitern ein stabiles soziales Umfeld zu schaffen, dann sind Gewinn und Ergebnis die entscheidende Voraussetzung dafür. Als Vision kann ich mir vorstellen, dass Arbeit ähnlich positiv besetzt ist wie Freizeit – auch wenn wir davon heute meilenweit entfernt sind. Wer gute Arbeit bietet, braucht keinen Beauftragten für soziales Engagement oder einen Umweltverantwortlichen, denn diese Verantwortung ergibt sich aus meiner Überzeugung, wie die Firma zu führen ist.

Hüther: Da haben Sie eine Vision, die Orientierung bietet. Und ohne die verläuft man sich allzu leicht in nackten Beschreibungen. Wir spüren mittlerweile alle, dass die bisherige Beschreibung der Welt uns nicht mehr weiterhilft. Heute geht es um die Frage, wohin es gehen wird. In allen Zeiten gab es dafür Zuständige: Wahrsager und Schamanen oder spirituelle Bewegungen, die in kirchlichen und religiösen Einrichtungen aufgegangen sind. Deren Deutungshoheit ist unterdessen verloren gegangen, und jetzt sollen es die Experten richten – gerne auch die Hirnforscher, weil die vermeintlich wissen, wohin es geht.

Endres: Aufgrund dieser Orientierungslosigkeit in unseren Bildungssystemen müssen wir vielerorts Reparaturarbeiten leisten, weil das alte Ausbildungssystem junge Leute hervorbringt, die nicht wissen, welche Sprünge in der Wirtschaft in den vergangenen 20 Jahren gemacht wurden. Da würde ich mir manches Mal wünschen, dass die Universitäten stärker Orientierung bieten können.

Hüther: Das kann ich verstehen. Ich befürchte nur, dass sich inzwischen auch unsere Universitäten eher an kurzfristigen Gewinnen orientieren, um erfolgreich zu sein. Es scheint ein Naturgesetz zu sein: Wer kurzfristig Erfolg hat, sichert nicht automatisch sein langfristiges Überleben. Die einzige Spezies, die diesen Zusammenhang erkennen und bewusst dagegen angehen kann, ist der Mensch: und zwar durch vorausschauendes Denken. Ein vorausschauendes Unternehmen reproduziert seine Lebensgrundlage durch Profit und Verantwortung, wie Sie es beschrieben haben. Will die Universität ihre Lebensgrundlage reproduzieren, wird klar, dass dies nur Wissen, Erkenntnis und zukunftsweisende Ideen sein können – aber niemals Profit. Wer Wirtschaftlichkeit zur Maxime erklärt, wird irgendwann nur noch wirtschaften, um zu wirtschaften. So dreht man sich im Kreis.

Endres: Das klingt alles klar und eindeutig. Und doch stehe ich vor der Herausforderung, dass man diese Inhalte möglichst verständlich für alle kommunizieren muss. Man muss Menschen mitnehmen und abholen. Dazu braucht man Schlagwörter, einfache, griffige Bilder.

Hüther: Aber was mit Schlagwörtern griffig rüberkommt, muss deshalb ja nicht automatisch auch richtig sein.

Endres: Ich bekomme eine wesentlich höhere Aufmerksamkeit, wenn ich in Managerkreisen über Profit rede. Das ist eine Art pawlowscher Reflex. Profit kennen alle, das wollen alle, bei dem Begriff öffnen sich die Köpfe – auch wenn ich danach in eine ganz andere Richtung lenke. Die Chance, dass ich mit dem Thema Lebensgrundlagen den Saal räume, ist hingegen relativ hoch.

Hüther: So ziehen Sie zwar alle hinter sich her, aber Sie ziehen alle in die falsche Richtung.

Endres: Bieten Sie mir eine Alternative!

Hüther: Sprechen wir über Kulturwandel. Ein wunderbarer Begriff, mit dem Sie vor zwei Jahren noch keinen Manager hätten locken können. Heute diskutieren immer mehr Unternehmen über dieses Thema.

Endres: Obwohl immer noch niemand so recht weiß, was damit gemeint ist.

Hüther: Sie haben recht. Aber dass darüber geredet wird, ist für mich ein Zeichen eines beginnenden Transformationsprozesses. Wenn wir über neue Themen reden, brauchen wir neue Begriffe. Bis gemeinsamer Konsens entstanden ist, wie diese Begriffe zu verstehen sind, mag es dauern. Haben wir früher von Profit gesprochen, geht es heute um Bewahrung unserer Lebensgrundlagen und einen Wandel unserer Lern- und Beziehungskultur.

Endres: Von diesen vermeintlich neuen Begriffen habe ich viele kommen und gehen sehen. Kulturwandel, Insourcing, Outsourcing und Ähnliches – das sind für mich Modewörter. Profit wird bleiben – er ist in unserem System ein notwendiges Ergebnis. Kulturwandel nicht.

Hüther: Wenn ein kurzfristiges Ziel am besten mit dem Begriff Profit definiert werden kann, brauchen wir aber einen anderen, um ein langfristiges Ziel der Unternehmensentwicklung beschreiben zu können. Dazu müssten wir die langfristigen Lebensgrundlagen eines Unternehmens stärker in den Blick nehmen. Was ebenso für die Schule gilt: Auch dort sind gegenwärtig die Profitmaximierer und Pflichterfüller im Vorteil, sie gehen mit Bestnoten von der Schule ab. Doch es bleibt dabei: Die nachhaltigsten Veränderungen unserer Gesellschaft sind nicht von jenen Menschen in Gang gesetzt worden, die sich am besten an die dort herrschenden Bedingungen angepasst und hier irgendwelche kurzfristigen Erfolge erzielt haben.

Endres: Lang- und kurzfristige Orientierung sind mit Sicherheit ein wichtiger Aspekt. Wahrscheinlich befinden wir uns im Ungleichgewicht zugunsten des kurzfristigen Unternehmensziels. Aber hat es nicht auch mit der Struktur zu tun? Mit langfristigen und nachhaltigen Themen beschäftigt sich der Firmeneigentümer natürlich intensiver als ein leitender Angestellter. Dieser wird in den fünf Jahren, in denen er zum Vorstand bestellt wird, nicht nur versuchen, die Ziele der Firma zu optimieren, sondern auch seine eigenen.

Hüther: Und anschließend sollten sich diese Fünfjahresmanager wie Unternehmer verhalten?

Endres: Richtig. Dafür sind zwei Wege denkbar: Der einfachere ist, die Vertragslaufzeit zu verlängern. Das kann helfen, muss aber nicht. Denn es geht in erster Linie darum, dass diese Menschen bei entsprechenden Rahmenbedingungen die richtige innere Einstellung entwickeln, um ein Unternehmerdenken ausbilden zu können. Die Vertragslaufzeit kann nur ein Mosaikstein sein. Aber es gibt noch eine andere, viel schwieriger umzusetzende Möglichkeit.

Hüther: Jetzt bin ich gespannt.

Endres: Etwas ganz anderes versuchen. Die Mitarbeiter spüren, dass Unternehmer mit solchen Themen anders umgehen als Manager mit befristetem Vertrag. Es müsste also im ureigensten Interesse der Belegschaft sein, die Manager zum Unternehmerdenken zu befähigen. Das aber bedeutet nicht, dass ich mich gegen etwas Bestehendes wende, sondern mich für eine neue Welt einsetze. Wie in der Schule, wo Schüler sich zu organisieren beginnen, um für ein neues System zu kämpfen – und nicht, um das alte zu diffamieren. Dieses in Unternehmen in Gang zu setzen, könnte die neue, große Rolle der Mitbestimmungsgremien sein.

■ ■ ■ Was wir behaupten

Der Topmanager sagt:

- Die Vision ist, dass Arbeit oder Schule ähnlich positiv besetzt sind wie Freizeit oder Familie.

- Dazu müssten die Mitarbeiter ihre Manager zum Unternehmerdenken befähigen. Das heißt, sie wenden sich nicht gegen Bestehendes, sondern fordern Neues. Sie fordern Veränderung und sind bereit, sie zu leben.

- Die Mitbestimmungsgremien in den Unternehmen könnten Sprachrohr und Treiber dieser Bewegung von unten sein. Sie hätten damit eine völlig neue, zukunftsweisende Rolle.

Der Gehirnforscher sagt:

- Orientierung an kurzfristigen Ergebnissen untergräbt die Orientierung von langfristigem Gelingen.

- Kurzfristige Ziele erreicht man am besten mit möglichst wenig Achtsamkeit und Umsicht.

- Um kurzfristig erfolgreich zu sein, braucht man nicht viel Hirn. Die Rechnung dafür bekommt man später.

- Umsicht und Achtsamkeit sind Ausdruck einer hohen neuronalen Konnektivität.

■ ■ ■ … und wie können wir Achtsamkeit und Umsicht in der Bildungspraxis fördern?

Schule ist kein Hort der Achtsamkeit, denn dort zählt in erster Linie das Ergebnis. Dass sich beides auch nahezu idealtypisch ergänzen kann, zeigt die Evangelische Schule Berlin Zentrum. Margret Rasfeld hat dort als Schulleiterin die Fächer Verantwortung und Herausforderung etabliert. Verantwortung ist für die Jahrgänge sieben und acht eingerichtet worden. Dabei erhalten die Schüler an einem Tag in der Woche Schulzeit als individuelle Lernzeit geschenkt und können sich im bürgerschaftlichen Engagement üben. Im Projekt »Eine Herausforderung meistern« suchen sich Schülerinnen und Schüler jeweils drei Wochen in den Jahrgängen acht bis zehn alleine oder in Gruppen eine Herausforderung, die sie meistern wollen. Alles gründet auf dem pädagogischen Grundverständnis: »Wertschätzung der Vielfalt in der Gemeinsamkeit: Jeder zählt, jeder ist einzigartig«, sagt Margret Rasfeld. Die Schule lebt Offenheit und gegenseitiges Vertrauen, als Ziele formuliert die Schulleiterin Kooperation, Teamgeist und eine faire Feedbackkultur zwischen allen Gruppen.

Die Schülerinnen und Schüler haben so in den vergangenen Jahren vieles auf die Beine gestellt: Sie haben über 100 000 Bäume gepflanzt, um ein Zeichen für Klimagerechtigkeit zu setzen, im Rahmen der Roadshow »Lernlust statt Schulfrust« mehr als 10 000 Besuchern ihr Schulkonzept nähergebracht, und sie bilden mittlerweile auch Führungskräfte und Lehrer fort.

Ein besonderes Projekt, das sie ins Leben gerufen haben, ist »Sprachbotschafter« (mittlerweile aufgegangen im Programm »BildungsBande – damit's beim Lernen klappt«): Schüler der Evangelischen Schule Berlin Zentrum werden zu Sprachbotschaftern ausgebildet und engagieren sich in Grundschulen mit 80 bis 95 Prozent Migrationsanteil als Peer-Coaches. Sie begleiten die Grundschüler ein- bis zweimal wöchentlich im Unterricht, unterstützen sie beim Lernen, fördern sie in ihrer sprachlichen Kompetenz und führen am Nachmittag Hausaufgabenbetreuung oder kreative Projekte durch.

Margret Rasfeld ist Mitinitiatorin von Schule im Aufbruch. Die Bildungsinitiative möchte Schulen einladen, inspirieren und dazu ermutigen, Orte der Potenzialentfaltung zu werden.

 Wie Schule im Aufbruch auf Achtsamkeit und Umsicht einzahlt, erfahren Sie hier.

Erkenntnis 8:

Selbstbewusstsein ist gut.

→ **Selbsterkenntnis und Selbststeuerung sind besser!**

■ ■ ■ Was wir wissen

Sich seiner selbst bewusst zu sein, ist ein erstrebenswerter Zustand. Ganz nach dem Motto »Ich weiß, was ich kann, wohin ich will, was mich ausmacht«. Doch ganz schnell kann dieses Selbstbewusstsein kippen – aus dem gesunden Selbstempfinden wird Selbstüberschätzung. Darunter leidet die Mehrheit der Menschen, wie Sozialwissenschaftler um Philip Fernbach von der University of Colorado belegt haben. Grob auf eine Faustformel gebracht: Je vehementer eine Meinung vertreten wird, desto weniger haltbar sind meist die Fakten, auf denen jene beruht. Die Folge für die Forscher: Die meisten Menschen überschätzen sich grandios und leben in einer Illusion vermeintlichen Verstehens. In unserem Alltag wird jedoch oft diese Art der Selbstüberschätzung als Selbstbewusstsein missgedeutet.

Auch mit dem Begriff Selbsterkenntnis verhält es sich schwierig: Wir scheinen sie nur erwerben zu können, wenn wir hin und wieder kräftig auf die Nase fallen. Aber dadurch, dass wir ein Defizit erkennen, haben wir es noch lange nicht überwunden.

Was wir brauchen, um mit der eigenen Unzulänglichkeit umgehen zu können, ist eine andere Selbstkompetenz. Es ist die Fähigkeit zur Selbstregulation.

In den 1980er-Jahren hat ein Psychologe in den USA ein aufschlussreiches Experiment mit fünf- und sechsjährigen Kindern durchgeführt. Sie wurden in einer langen Reihe an einen Tisch gesetzt, auf dem an jedem Platz ein Marshmallow lag. Dann wurde den Kindern gesagt, dass diejenigen von ihnen cin zweites Marshmallow bekämen, die nicht gleich zugreifen und die Süßigkeit aufessen, sondern zehn Minuten warten. Das Verhalten der Kinder wurde dokumentiert, und 20 Jahre später schauten die Forscher nach, was aus den jeweils Geduldigen und Ungeduldigen geworden war.

Das Ergebnis war bemerkenswert: Diejenigen, die als Kinder warten konnten, waren als junge Erwachsene in jeder Hinsicht ihren damals ungeduldigeren Kameraden überlegen. Sie hatten bessere Ausbildungen durchlaufen, waren in qualitativ anspruchsvolleren Berufen tätig, verdienten mehr Geld, hatten mehr Freunde, stabilere Partnerschaften und waren sogar weniger oft krank. Dieses »Warten-Können« ist Ausdruck der Fähigkeit zur Selbstregulation. Dazu zählt auch Frustrationstoleranz, also die Fähigkeit, nicht gleich aufzugeben und alles hinzuwerfen, wenn etwas nicht so läuft, wie man es sich vorstellt.

Menschen, die sich selbst regulieren können, werden bei aller Euphorie über eine gefundene Lösung das Ausgangsproblem noch einmal einer Prüfung unterziehen. Da es in allen sozialen Systemen unterschiedliche Interessengruppen gibt, die versuchen, ihre Anliegen durchzusetzen, können Menschen, die beim ersten Widerstand aufgeben, nicht erleben, dass sie nur dann, wenn sie hartnäckig an einem Thema arbeiten, am Ende Anerkennung dafür bekommen.

Die für diese Selbstdisziplin erforderlichen Verschaltungen entstehen nicht von allein und erst recht nicht dann, wenn ein Kind durch Eltern, Lehrer und Erzieher diszipliniert wird. Vorschriften, Gebote und Anweisungen, was es zu tun und zu lassen hat, dass es geduldig und brav zu sein hat, helfen nicht. Diese Verschaltungen bilden sich erst durch eigene positive Erfahrungen heraus, die ein Kind machen kann, wenn es sich in Geduld übt und nicht gleich aufgibt, wenn etwas schwierig wird.

Wird ein Kind ständig diszipliniert und mit Druck auf ein Verhalten getrimmt, entstehen im Gehirn bestenfalls Netzwerke, die für das verantwortlich sind, was es als eigene Lösung für derartige Disziplinierungsmaßnahmen findet: Gehorsamkeit.

Gehorsame Kinder aber werden nicht die Freude erleben, die es mit sich bringt, geduldig gewartet und tapfer bei der Sache geblieben zu sein. Nur wenn die für diese Freude zuständigen emotionalen Bereiche erregt werden, werden an den Enden ihrer langen Fortsätze die neuroplastischen Botenstoffe ausgeschüttet, die wie Dünger für die für die Selbstregulation zuständigen Nervenzellverschaltungen im Frontalhirn wirken.

Gehorsame Mitarbeiter funktionieren. Aber einen Zustand der Zufriedenheit wird es niemals bei den Mitarbeitern auslösen. Gehorsamkeit basiert auf einem Impuls von außen, auf Druck oder Drohung, die das Verhalten bestimmen. Mit selbstbestimmter Disziplin hat das nichts zu tun. Genauso wenig, wie Selbstüberschätzung etwas mit Selbstbewusstsein zu tun hat.

■ ■ ■ Darüber müssen wir reden

Hüther: Die entscheidende Frage lautet: Wer bin ich? Wenn ich weiß, wer ich bin, was ich kann, was ich anstrebe und wozu ich auf der Welt bin, dann bringe ich den Mut auf, zu mir zu stehen. Dann werde ich Gelegenheiten suchen, meine Identität zu stärken.

Endres: Ich glaube, Sie können nur herausfinden, wer Sie sind, indem Sie sich fragen, wie Sie zu der jetzigen Person geworden sind.

Hüther: Wunderbar, da wollte ich hin. Jedes Kind kommt ja mit unterschiedlichen Begabungen auf die Welt. Aber nicht alle können ihre Begabungen zur Entfaltung bringen. Vielen ist es wichtiger, zu einer Gemeinschaft dazuzugehören. Sie machen dann das, was andere von ihnen erwarten. Da kann es beispielsweise sein, dass ein Schüler, der gut in Mathematik ist, dieses Talent nicht auslebt, weil es viel cooler ist, Mathe blöd zu finden.

Endres: Eine Karriere im Unternehmen beginnen Sie jedoch meist mit einer mindestens 15-jährigen Vorgeschichte. Die theoretische Analyse, was einen zu dem gemacht hat, was er heute ist, wird sich in dieser Form nicht mehr stellen. Wir haben Grundhaltungen schon ausgeprägt, bevor wir in einem Unternehmen zu arbeiten beginnen. Je stärker ausgeprägt diese Grundhaltungen sind, desto nützlicher sind sie – denn ein relativ stabiles Wertegerüst lässt mich beurteilen, wie ich mit dem Druck umzugehen imstande bin. Und der Druck kann hoch werden: Das Unternehmen hat Erwartungen, genauso wie der Vorgesetzte und die Mitarbeiter. Dann muss die Existenz gesichert sein, und die Familie stellt ebenfalls berechtigte Ansprüche. Meines Erachtens unterscheiden sich die guten von den sehr guten Führungskräften dadurch, dass sie trotz Druck Zeit finden, darüber nachzudenken, was sie in den vergangenen Monaten – oder Jahren – vorangebracht oder blockiert hat.

Hüther: Für wie wichtig halten Sie es, dass die betreffende Führungsperson bei unternehmerischem Erfolg sich selbst treu bleiben kann?

Endres: Für entscheidend. Im Management befinden Sie sich in einem Dilemma. Als Topmanager müssen Sie nach außen ein fast unerträgliches Selbstbewusstsein an den Tag legen. Sie agieren vernünftig. Sie hören vielleicht sogar zu – eine Eigenschaft, die sehr selten anzutreffen ist. Selbst wenn Sie das alles beachten, müssen Sie am Ende eine Entscheidung treffen. Und zwar in dem Bewusstsein: Ich werde die richtige Entscheidung treffen.

Hüther: Und verantworten.

Endres: Im besten Fall auch verantworten. Auf jeden Fall müssen Sie Selbstbewusstsein zeigen. Wenn Sie zufällig zehnmal richtig entschieden haben, werden Selbsterkenntnis und Selbstreflexion immer schwieriger. Schließlich wird Ihnen von außen und innen bestätigt: Sie sind unfehlbar. Und hier findet die Trennung statt: Topmanager kennen diesen Prozess und stellen sich auch bei anhaltendem Erfolg immer wieder infrage.

Hüther: Und bleiben sich treu.

Endres: Sie agieren dauerhaft in diesem Modus und werden sich auch in fünf oder zehn Jahren hinterfragen. Und trotzdem dürfen Sie nie einen Zweifel daran lassen, dass Sie wissen, was Sie tun. Dieses Selbstbewusstsein ist zwingend vonnöten. Doch von der Selbstreflexion zur Selbsterkenntnis benötigt man eine weitere Dimension. Ohne die Meinung von Vertrauenspersonen, die ein ehrliches Feedback geben, bleibe ich nämlich in der Selbstbespiegelung hängen. Erst die Summe der Perspektiven führt zur Selbsterkenntnis.

Hüther: In unserem Bildungssystem jedoch werden ausgerechnet diejenigen belohnt, die sich an die vorherrschenden Meinungen optimal angepasst haben. Dabei braucht es in der Wirtschaft Führungskräfte, die möglichst stark aus ihren eigenen Haltungen heraus agieren, die sie reflektieren. Es geht in der Schule darum, sich optimal zu vermarkten.

Endres: Den Begriff Selbstvermarktung halte ich für nicht zutreffend. Denn es sind nicht die Kinder, die diese Strategie verfolgen, sondern tendenzmäßig Eltern und Lehrer. Sie schränken die Denkwelt unserer Kinder ein. Wir können von unseren Kindern nicht verlangen, dass sie dann den Mut aufbringen, auszubrechen, wenn sie von mindestens zwei starken Seiten dominiert und normiert werden. An dieser Stelle müssen Kinder ermuntert und ermutigt werden.

Hüther: Haben Sie eine Antwort darauf, wer diese Aufgabe übernehmen soll?

Endres: Meiner Ansicht nach gibt es die besten Chancen in der Schule, diese Handlungsspielräume zu eröffnen. Wenn es dort aber nicht geschieht, was heute in der Regel der Fall ist, dann haben auch Unternehmen die Chance, Handlungsspielräume zu eröffnen. Das erlebe ich fast jeden Tag – und dieser relativ große Handlungsspielraum zahlt sich aus in Kreativität, in neuen Ideen und in Spaß an der Arbeit. Es ist nie zu spät.

Hüther: Wenn Sie die Lebensläufe der wenigen mutigen Menschen auf dieser Welt betrachten, werden Sie feststellen, dass sie schon sehr früh Gelegenheit gehabt haben, unabhängig von Gruppenzwängen und elterlichen Autoritätspersonen eine eigene Welt zu schaffen. Als Kinder hatten sie sehr viel Gestaltungsspielraum und haben ihn genutzt. Wir kennen das: Plötzlich fängt ein Kind an, viel zu lesen und zu schreiben – und später wird es ein großartiger Schriftsteller. Dafür braucht es Gestaltungsspielraum und sehr viel Mut.

Endres: Haben Sie diesen Mut aufgebracht?

Hüther: Ich habe es immer wieder versucht. Den größten Mut habe ich aufgebracht, als ich mich entschlossen hatte, aus der damaligen DDR zu fliehen. 1979, ich war damals 28 Jahre alt, habe ich mir beigebracht, wie man Stempel fälscht. Ich habe mir selbst ein Visum erteilt und bin über Jugoslawien in die Bundesrepublik gereist, obwohl ich dort keine Verwandten oder Freunde hatte. Ich musste alles hinter mir lassen, was ich an sozialen Kontakten und Beziehungen bis hin zu Familienverbindungen aufgebaut hatte. Das macht man nicht so einfach. Wahrscheinlich sind es diese starken Bindungen, die bei den meisten Menschen dazu führen, sich lieber anzupassen, als solche repressiven Systeme zu verlassen. Bei mir war das Bedürfnis, der eigene Gestalter meines Lebens sein zu wollen, offenbar so stark, dass ich mit allem Mut das Land verlassen habe.

Endres: Was gab den Ausschlag, dass Sie den Mut zur Flucht gefasst haben?

Hüther: Den letzten Impuls zur Flucht gab ein Erlebnis mit einem guten Freund. Er hatte mit mir studiert und war Arzt in Leipzig. Als 28-Jähriger musste er eines Tages entscheiden, wer von seinen Patienten an eine künstliche Niere zur Blutwäsche angeschlossen werden konnte und wer nicht. Er hat über Leben und Tod entschieden, weil es damals in Leipzig nur eine einzige künstliche Niere gab. Angeblich fehlte das Geld, um eine zweite anzuschaffen. Gleichzeitig fand in Leipzig ein großes internationales Turn- und Sportfest statt, für das unvorstellbar viel Geld ausgegeben wurde. Für mich war ab da klar: Ich wollte nicht mehr in einem System leben, das nur um seiner eigenen Reputation willen Menschen sterben lässt und die Entscheidung über diesen Tod auch noch jemandem überlässt, der als junger Arzt eine solche Situation kaum aushalten kann. Da ich an der Situation nichts ändern konnte, wollte ich wenigstens nicht mehr mitmachen. Doch das Entscheidende ist: Nachdem ich erst einmal den Mut gefasst hatte, diesen Schritt zu gehen, habe ich auch Mittel und Wege zur Umsetzung gefunden. Es war bei Ihnen bestimmt nicht anders? Sie sind ja auch nicht als Unternehmer auf die Welt gekommen.

Endres: Stimmt. Aber ich würde mich nicht als besonders mutig bezeichnen, vor allem nicht in der Dimension, die Sie erlebt haben. Obwohl ich ein paar Sachen gemacht habe, die andere nicht gemacht hätten. Ich hatte mal einen Chef, der zu mir gesagt hat: »Herr Endres, seien Sie mutig, aber nicht tollkühn.« Daran habe ich mich meistens gehalten. Mit einer Ausnahme: 1978 habe ich bei Kodak als Fotoingenieur gearbeitet. Ich hatte das Gefühl, nur ein kleines Rädchen in einer großen Firma zu sein und nichts gestalten zu können. Ich wollte raus aus diesem Großraumbüro. Zu dieser Zeit besuchte ich Seminare von Siegfried Vögele, einem führenden deutschen Direktmarketingexperten. Er hat diese Seminare auf eine einzigartige Art und Weise gehalten. Irgendwann war ich an dem Punkt, dass ich es in die Praxis umsetzen wollte. Vögele hat immer vom Versand geschwärmt, folglich habe ich mit 27 Jahren einen Zigarrenversand eröffnet. Meine Haltung: Ich bin Unternehmer, das kann ich. Und ich habe diesen Schritt damals als nicht besonders mutig empfunden, obwohl es objektiv ziemlich riskant war, vor allem finanziell. Um ein Haar wäre es schiefgegangen. Aber die Lust darauf, etwas bewegen und verändern zu können, war viel stärker, als so weiterzumachen und in einem gesicherten Umfeld zu versauern.

Hüther: Ein Individuum, eine Gesellschaft, ein Unternehmen, die in ihrer Entwicklung stehen bleiben, werden zu Besitzstandswahrern. Und immer nur aufzupassen, dass einem nichts weggenommen wird und alles so bleibt, wie es ist, erfordert keinen Mut. Aber die Freude an der eigenen Weiterentwicklung kann nur aufblühen, wenn man Gelegenheit bekommt, an Herausforderungen zu wachsen. Was bereits in der frühen Kindheit beginnt. Stellen Sie sich einen Kindergarten vor: Im Hof gibt es einen schräg gewachsenen Baum, der da schon sehr lange steht. Das ist der Kletterbaum für die Kinder. Nie ist etwas passiert. Aber irgendwann fällt ein Kind herunter und bricht sich das Bein. Was wird passieren?

Endres: Die Eltern werden darauf drängen, dass der Baum gefällt wird.

Hüther: Richtig. Wahrscheinlich wird niemand den Mut aufbringen, für den Erhalt zu kämpfen. Alle wollen jetzt sichergehen, dass so etwas nie mehr passieren kann. Das Beispiel zeigt, dass wir zunehmend verhindern, unsere Kinder lebenstüchtig werden zu lassen, indem wir sie davor schützen, was ihnen zutreffen könnte. Doch das Leben ist gefährlich, und wer nicht mit der Gefährlichkeit des Lebens konfrontiert wird, entwickelt weder die Fähigkeit, dieses komplizierte Leben zu meistern, noch den Mut, sich diesem Leben überhaupt noch zu stellen. Sie erleben dasselbe wie ich: Menschen wiegen sich lieber in falscher Sicherheit, sie versuchen, alles kontrollieren zu wollen. Das Wichtigste, das uns das Leben bietet, ist die Möglichkeit, sich immer wieder neuen Herausforderungen zu stellen und sich auf diese Weise weiterzuentwickeln.

Endres: Aber wie kann man Eltern dazu ermutigen, sich dagegen zu wehren, dass der Baum gefällt wird?

Hüther: Klingt banal, aber sie müssten erkennen, was ihr Tun bewirkt, und zwar nicht nur für den Moment, sondern auch langfristig. Zunächst scheint das Fällen eine gute Entscheidung zu sein, denn das Kind kann nicht mehr herunterfallen. Studien zeigen aber, dass Kinder beim Klettern oder Balancieren ihren Gleichgewichtssinn sehr gut trainieren und, man glaubt es kaum, in der Grundschule mit einer hohen Wahrscheinlichkeit sogar bessere Noten in Mathematik erzielen. Wenn die Eltern also wüssten, dass das Klettern auf einem Baum so bedeutsam für die Entwicklung ihres Kindes ist, würde sich ihre Bewertung sehr wahrscheinlich ändern. In anderen Worten: Uns ist der Blick dafür abhandengekommen, was wirklich wichtig ist. Zum Beispiel, dass Kinder vielfältige Gelegenheit bekommen, eigene Erfahrungen in einem unstrukturierten Raum, am besten in der freien Natur, zu machen. Ohne Kontrolle und ohne Vorgaben. Wenn man Kinder aus unterschiedlichen Altersstufen, sogenannten altersgemischten Gruppen, beim freien Spiel beobachtet, kann man sehr genau sehen, dass sie ihren Mut trainieren. Jedes Kind springt von der Höhe, von der es springen kann, und anschließend legt es die Latte für sich ein kleines Stück höher.

Endres: Als ich fünf Jahre alt war, gab es in Bad Säckingen am Rhein in der Nähe des Gallusturms eine Mauer. Als Kind kam sie mir ziemlich hoch vor. Die Mutprobe war, von dieser Mauer zu springen.

Hüther: Wäre die Kindergärtnerin dabei gewesen, hätten Sie nicht springen dürfen, denn sie wäre zur Verantwortung gezogen worden, wenn sich einer den Knöchel verstaucht hätte.

Endres: Interessanterweise lag die Mauer auf dem Weg zum Kindergarten. Die Strecke durften wir in dem Alter schon alleine gehen. Zum Springen ermutigt hat mich damals niemand: Es waren eher der Gruppendruck und die Blamage, nicht zu springen. Es ist fast unmöglich, nicht zu springen, wenn man als Einziger noch oben auf der Mauer steht, und alle anderen sind bereits gesprungen.

Hüther: Aber ein begeisterter Herunterspringer sind Sie davon nicht geworden. Wenn ich möchte, dass ein anderer Mensch sein Talent und seine Begabung entfaltet, muss ich erreichen, dass er Lust bekommt, neue Erfahrungen machen zu wollen. Ich kann nicht anordnen: Jetzt mach mal eine neue Erfahrung! Es muss auf eine andere Art und Weise passieren. Es geht nur, indem ich ihn dazu einlade – sehr vorsichtig. Aber oft reicht die Einladung allein nicht aus, ich muss ihn ermutigen. Aber wie mache ich anderen Menschen Mut? Dass ich vom Zehnmeterturm herunterspringe, braucht zwar Mut, führt aber nicht automatisch dazu, dass der andere es auch machen möchte. Das Wichtigste: Ich muss daran glauben, dass der andere es kann. Wenn ich davon nicht überzeugt bin, kann ich ihn nicht ermutigen.

Endres: Jemanden motivieren ist nicht möglich, es braucht intrinsische Motivation. Ist das beim Mut ähnlich oder kann ich hier von außen ermutigen?

Hüther: Der Nachteil der Aussage »jemanden motivieren« liegt darin, dass hinter diesem Begriff meist Belohnungs- und Bestrafungsstrategien schlummern. Der andere wird dann motiviert, indem Sie ihm eine Belohnung versprechen oder mit Bestrafung drohen. Ich halte es für sinnvoller, diesen Begriff durch »Ich lade dich ein, ich ermutige und inspiriere dich« zu ersetzen. Die Konsequenz: Als Motivator muss man sich dann fragen, ob man ihn genug eingeladen, genug ermutigt und genug inspiriert hat.

Endres: Ich frage trotzdem noch einmal: Sie würden zwischen intrinsischem und extrinsischem Mut unterscheiden?

Hüther: Ja, weil die Entscheidung, sich auf den Sprung einzulassen, immer noch die eigene ist. Es hat mir lediglich jemand mit einem mutmachenden Unterstützungsangebot geholfen, diese Entscheidung treffen zu können.

Endres: Dann gilt es aber auch für die Motivation: Man kann Menschen inspirieren, sich selbst zu motivieren.

Hüther: Gut, einverstanden. Indem Sie einen Menschen einladen, ermutigen und inspirieren, werden Sie erreichen, dass er sich auf eine neue Erfahrung einlässt – aus einer eigenen Entscheidung heraus und damit mittels eigener Motivation. Wenn Sie ihm indessen sagen: Du kriegst 100 Euro, wenn du springst, dann macht er es, weil er die 100 Euro haben möchte.

Endres: Und trotzdem wird es den einen oder anderen geben, der für 100 Euro springt.

Hüther: Aber eben nicht aus eigener Motivation heraus, sondern wegen der 100 Euro. Die Gefahr ist groß, dass aus ihm letztlich einer wird, der nur zu springen bereit ist, wenn er dafür belohnt wird.

Endres: Es kann aber auch sein, dass er aufgrund der neuen Erfahrung, für die er bezahlt wurde, mutig wird und den nächsten Sprung aus eigenen Stücken machen will.

Hüther: Das ist nur der zweitbeste Fall. Weil klar ist, dass Menschen auf diese Weise in erster Linie lernen, die versprochene Belohnung abzukassieren, aber eben nicht, motiviert an die Arbeit zu gehen.

Endres: Klar. Wenn ich Menschen frage, wie sie über eine besonders schwierige Klippe im Leben hinweggekommen sind, wird keiner antworten: »Weil mich jemand dafür belohnt hat.« Vielmehr sagen sie, dass es einen Lehrer, einen Erwachsenen oder einen Meister gab, der ihnen das zugetraut hat. Das ist Ermutigung.

Hüther: In menschlichen Gemeinschaften gibt es immer Einzelne, die über das Normale hinausgehen. Die Gruppendynamik, die Sie beim Mauerspringen erlebt haben, sorgt nur dafür, dass der Einzelne mitgenommen wird.

Endres: Neben dem Bedürfnis, dazuzugehören, scheint aber die Neugier des Einzelnen ebenfalls eine starke Triebfeder für die Suche nach neuen Herausforderungen zu sein. Je neugieriger man auf etwas ist, desto weniger Mut braucht man. Ich kann mir durchaus Situationen vorstellen, in denen es mich brennend interessiert, was passieren wird. Dann ist die Hemmschwelle, es zu tun, deutlich geringer, als wenn nur Gruppendruck wirkt.

Hüther: Wenn Kinder die Gelegenheit bekommen, ihrer Neugier nachzugehen, werden sie die Erfahrung machen, wie kompetent sie in vielfältigen Situationen sind. Sie erschließen sich Erfahrungsräume und trauen sich in unterschiedlichen Situationen immer mehr zu. Dann erscheinen sie mutig in den Augen der anderen. In Wirklichkeit haben sie nur mehr Selbstvertrauen gewonnen und deshalb weniger Angst.

Endres: Wenn ich also in der Firma ein Umfeld schaffe, in dem Neugier erwünscht ist, reduziere ich die Anforderungen für mehr Mut. Wenn ich mir auch die ungewöhnlichsten Vorschläge ernsthaft anhöre, werden sich die Mitarbeiter nicht mehr überwinden müssen, mir einen solchen Vorschlag zu unterbreiten. Daraus entsteht eine Kultur, in der es entscheidend ist, neugierig und weniger mutig zu sein. Ein Kleinstkind ist sicher nicht mutig, wenn es versucht, auf zwei Beinen zu gehen – es ist nur neugierig.

Hüther: Kinder besitzen von Anfang an die Fähigkeit, sich auf alles einzulassen. Mutig sind sie von Anfang an, Angst kommt erst im Laufe des Lebens dazu. Diese Angst blockiert: Statt zu springen, bleiben wir auf der Mauer stehen. Dann brauchen wir Mut. Und wenn es gelingt, macht der Mensch die Erfahrung, dass er keine Angst haben muss – siehe Kleinkind. Diese Erfahrungen können wir auf drei Ebenen machen: Indem erstens das Vertrauen in die eigenen Fähigkeiten gestärkt wird. Genau so, wie Sie es gerade beschrieben haben: Jemanden einladen, etwas auszuprobieren. Damit er merkt: Ich bin kompetent. So lässt er sich auf Neues ein und erwirbt noch mehr Kompetenz. Das Zweite ist, dass man die Angst auch überwinden kann, wenn man sicher ist, dass es noch andere Menschen gibt, mit denen man es gemeinsam versuchen kann. Die Lösung langjähriger Probleme, die man nicht mehr allein lösen kann, gelingt meist, wenn man sich mit anderen Menschen verbindet. Drittens gibt es noch eine Art Urvertrauen, das uns beschützt und uns im Leben hält, auch wenn man zu fallen droht.

Endres: In meinem Erleben finde ich alle drei Ebenen. Mein jüngster Sohn orientiert sich gerade, was er beruflich tun will – und diese Orientierungsphase dauert bereits länger. Das Problem: Je länger es dauert, desto unsicherer scheint er zu werden. Jetzt braucht es viel Ermutigung vonseiten meiner Frau und mir, zum anderen helfen ihm seine Freunde. Und zum Dritten gibt es etwas, das ihn nicht verzweifeln lässt. Bei allen Fragen, die er sich stellt, ist er sich sicher, dass wir ihn unterstützen und sich irgendwo eine Tür für ihn öffnen wird. Aber das Wichtigste scheint mir zu sein, dass ich ihm vertraue: Wenn er der Überzeugung ist, die richtige Wahl getroffen zu haben, werde ich sie nicht nach meinem Wertemaßstab bewerten und ihm sagen, was ich für richtig oder falsch halte. Obwohl es meine Eltern noch getan haben, tue ich es nicht mehr. Ich habe dazugelernt.

Hüther: Eine meiner Töchter ist gerade in Santiago de Chile. Und sie musste feststellen, dass sie dort – anders als hier – als Frau nicht einfach abends auf die Straße gehen kann. Natürlich kann ich sie nicht ermutigen, es dennoch zu tun – schließlich kann ich die Situation von hier aus nicht einschätzen. Aber ich kann sie ermutigen, es als wichtige Lernerfahrung einzuordnen. Möglicherweise ist es für sie eine gute Gelegenheit, sich mit der Frage zu befassen, wo sie später einmal leben will.

Endres: Es wäre also wichtig, neue Lernerfahrungen zu ermöglichen, damit jemand zu einer neueren Erkenntnis gelangen kann. Für viele Mitarbeiter ist es eine enorme Herausforderung, mit einem schwierigen Thema zum Chef zu gehen – insbesondere wenn sie wissen, dass er nicht unbedingt ihre Meinung teilt.

Hüther: Das gilt auch für einen Jungen, der zu seinem Vater geht.

Endres: Genau. Und ein gewisser Grad an Nervosität ist dabei normal. Dennoch muss niemand Angst haben. Denn was ist das Schlimmste, was passieren kann? Der Chef wirft mich aus dem Büro. Aber weder ist mein Leben dadurch ruiniert, noch muss ich Angst um meine Existenz haben. Das ist die erste Stufe der Relativierung, die mir weiterhilft. Die zweite ist, sich möglichst in den Chef hineinzuversetzen: Wie kann ich ihn am besten von meinen Argumenten überzeugen? Was spricht ihn am ehesten an? Welche Bilder kann ich verwenden, die ihm helfen, das Thema leichter zu verstehen? Und wenn ich noch weiß, dass er am Montagmorgen oder direkt vor der Mittagspause schwer anzusprechen ist, werde ich einen Termin am Nachmittag mit ihm ausmachen. Meine Erfahrung zeigt mir: Das Ergebnis ist meist positiv, auch wenn es um entscheidende Themen geht. Hat man sich einmal überwunden, ein Thema auf diese Weise anzugehen, und hat es funktioniert, ist der Lerneffekt groß. Man geht das nächste Mal leichter in so ein Gespräch – egal ob als Mitarbeiter, der zum Chef beordert wird, oder als kleiner Junge, der mit seinem Vater reden will.

Hüther: Das Beispiel zeigt auf sehr eindrucksvolle Weise, dass Mut keine Charaktereigenschaft ist, sondern das Ergebnis einer Haltung, die man entweder erwerben oder im Laufe seines Lebens verlieren kann. Vor allem zeigt es aber auch: Von Mut können beide Seiten profitieren – der kleine Junge macht einen Vorschlag, der das Weltbild des Vaters teilweise infrage stellt. Der Vater hört zu und sieht die Sache plötzlich ganz anders. Der Junge weiß nun, dass er mit seinem Vorschlag wirken und mitgestalten kann, das heißt, er erlebt sich als vollwertiges Mitglied einer Gemeinschaft. Der Vater hat die Erfahrung gemacht, dass es Mut erfordert, von den eigenen Ideen und Vorstellungen abzurücken. Der

Lohn dafür ist eine neue Sichtweise, die sich ohne den Mut des Jungen nicht geöffnet hätte.

Endres: Vielleicht hilft noch ein Beispiel, wie ich die Relativierung von Angst verstehe. Sie werden kaum Angst verspüren, wenn Sie über einen 50 Zentimeter breiten Balken laufen müssen, der auf dem Boden liegt. Wenn dieser Balken aber über einer 100 Meter tiefen Schlucht liegt, wird es kein Normalsterblicher wagen, über ihn zu laufen. Artisten können das. Sie relativieren die Gefahr und stützen sich mehr auf die Tatsache, dass der Balken 50 Zentimeter breit ist, als darauf, dass es 100 Meter in die Tiefe geht.

Hüther: Wir reden hier über die sogenannte Affektkontrolle, also eine Kompetenz, die jeder erwerben kann. Es ist ganz normal, dass mich angesichts der Tiefe Angst befällt. Artisten sind imstande, dieses Gefühl von außen zu betrachten und sich nicht davon überfluten zu lassen. Sie haben zwar auch Angst, haben diese aber unter Kontrolle. Diese Form der Angst ist im Normalfall eher selten. Viel häufiger sind die Ängste der Menschen auf das Gemeinschaftsgefühl ausgerichtet: Ich werde nicht mehr angenommen, ich werde nicht mehr geachtet oder ich werde nicht mehr wertgeschätzt. Wenn man uns als soziale Wesen unserer Bedeutung beraubt, können wir nicht mehr mutig sein. Dann werden wir panisch oder destruktiv, manchmal aus der Verzweiflung heraus auch tollkühn.

Endres: Der Mut, etwas gegen die allgemeinen Regeln oder gegen die Widerstände von Familie oder Vorgesetzten ausgerichtet zu haben, kann bisweilen ein enormes Erfolgserlebnis bedeuten. Wir haben einmal ein Produkt eingeführt, von dem jeder, der davon hörte, überzeugt war, dass es niemals funktionieren kann. Denn normalerweise schließen Sie eine Versicherung gegen Schäden ab, die in der Zukunft eintreten können – oder auch nicht. Dafür zahlen Sie jeden Monat einen Beitrag. Wir haben es bei diesem Produkt umgekehrt gemacht. Sie haben den Schaden, die Versicherung zahlt sofort – und danach zahlen Sie Ihre Beiträge. Das Produkt zählt heute zu einem unserer erfolgreichsten im Bereich der Zahnzusatzversicherung. Wir hätten das nicht erreicht, wenn wir uns nicht gegen alle Regeln gestellt hätten.

Hüther: Entscheidend dabei war, dass Sie Ihre Prioritäten verändert haben. Ihnen ging es nicht mehr um die Anerkennung der Kollegen aus Ihrer Branche, sondern um die Anerkennung der Kunden. Mut hängt also ganz stark davon ab, welche Prioritäten gesetzt werden. Sie haben die Regeln nicht um des Regelbruchs willen gebrochen, sondern weil Sie sich davon etwas Besseres, etwas Größeres erhofften.

Endres: Hat man Mut bewiesen, auch wenn man versagt hat?

Hüther: Es ist immer schwer, sich einzugestehen, dass man einen Fehler gemacht hat. Oder in eine Situation geraten ist, der man nicht gewachsen war. Davor haben die meisten Angst, weil wir immer etwas zu verlieren haben: den guten Ruf, Ansehen sowie Macht und Bedeutung. Je größer diese Angst ist, desto mehr Mut braucht es, sich und anderen einzugestehen: Ich bin auch nur ein Mensch, ich habe nur begrenzte Fähigkeiten, und hier habe ich mich geirrt.

Endres: Im Unternehmen liegt es an den Vorgesetzten, Fehler so zu behandeln, dass daraus nicht noch die größere Angst erwächst, den nächsten Schritt zu machen. Damit ist auch klar, dass Führungskräfte Angst wesentlich beeinflussen können – im positiven wie im negativen Sinn.

Hüther: Angst wird in der Tat bei uns Menschen, weil wir soziale Wesen sind, primär durch bedrohliche soziale Erfahrungen ausgelöst. Alle sozialen Gemeinschaften sind durch gemeinschaftliche Ängste geprägt. Das Rezept zur Überwindung der Angst kann also dementsprechend nicht lauten, dass man sich als Individuum aus dieser Gemeinschaft löst. Vielmehr müssten die Mitglieder dieser Gemeinschaft das Ganze mutiger machen. Oder die Angst machenden Vorstellungen in einer gemeinschaftlichen Aktion überwinden. Das bedeutet aber nichts Geringeres, als voneinander zu lernen, wie die Angst zu überwinden ist.

Endres: Eines will ich in diesem Zusammenhang auch noch deutlich machen: Es gibt einen klaren Unterschied zwischen Vorsicht und Angst. Vorsicht bewahrt mich, ein Risiko einzugehen, das fatale Folgen haben kann. Ich warne meine Kinder, wenn ich sie damit vor Schaden bewahren kann. Vielleicht haben sie sogar Angst davor – aber das muss ich tun.

Hüther: Darauf sind Kinder angewiesen, weil sie noch nicht die ganze Welt kennen.

Endres: Es ist aber wichtig, uns selbst zu hinterfragen. Es sind schließlich unsere Maßstäbe, die wir bei der Frage anlegen, wovor Kinder Angst haben sollten und wovor nicht. Schauen wir noch einmal auf den Kletterbaum: Wenn ich als Vater Angst habe, meine ich, mein Kind schützen zu müssen, und lasse den Baum fällen.

Hüther: Deshalb müssen wir uns immer wieder fragen, welche Ängste berechtigt sind und welche nur auf falschen Vorstellungen beruhen. Jedes Kind braucht Klettererfahrung, auch wenn die Eltern Angst vor einem Beinbruch haben. Wenn ein Kind mit dem Finger auf die heiße Herdplatte fasst, obwohl Sie ihm gesagt haben, es ist heiß – dann müssen Sie das in Kauf nehmen.

Endres: Also brauchen wir Angst, um mutig zu werden?

Hüther: Wir brauchen die Angst, um zu erkennen, wann wir auf dem falschen Weg sind. Sie ist wie eine rote Warnleuchte im Hirn, die mir sagt, dass ich derzeit auf einem ungünstigen Weg unterwegs bin und besser einen anderen Weg einschlagen sollte. Und wenn ich das mache, ändere ich etwas und gelange zu einer neuen Erkenntnis – auch über mich selbst.

Endres: Im Unternehmen liebe ich Überraschungen, weil sie neue Erkenntnisse bringen. Hier ist Angst ein Hindernis. Im Idealfall sind die Mitarbeiter vollkommen angstfrei – und damit offen für jede Art von neuer Erkenntnis. Aber leider stimmt dies nicht mit der Realität überein. Warum nicht? Weil wir uns alle zu sehr normieren lassen. Wir werden zuerst angepasst, dann sind wir angepasst. Von Ihnen, Herr Hüther, erzähle ich ganz gerne das Beispiel mit den Büroklammern: Kinder im Vorschulalter werden gefragt, was man mit einer Büroklammer machen kann. Es kommen 250 Antworten. Mit zehn Jahren haben die Kinder noch 50 Ideen. Und mit 15 Jahren reicht es gerade noch für 15 Geistesblitze. Wir bringen Kinder systematisch auf die Norm, die wir für die Gestaltung einer Büroklammer für richtig halten. Das ist nett, aber in der Firma nicht zu gebrauchen. Mir sind 250 Antworten lieber als 50. Aber mit der Angst im Nacken ist es unmöglich. Ich will meinen Mitarbeitern vor allem eines verdeutlichen: Niemand muss Angst haben, erschossen zu werden – wie Sie vielleicht bei Ihrer Flucht. Wir sind frei von existenziellen Risiken. Wer sich dessen bewusst ist, wird angstfrei die besten Ideen entwickeln können. Und dafür sorgen, dass in einem Umfeld ein Klima herrscht, das nicht Angst macht, sondern alle anderen einlädt, ermutigt und inspiriert, immer wieder neue Ideen zu entwickeln und sich auf neue Herausforderungen einzulassen.

■ ■ ■ Was wir behaupten

Der Topmanager sagt:

■ Der Spagat zwischen ausgeprägtem Selbstbewusstsein von Topführungskräften und einem
»Sich-ständig-infrage-stellen-Müssen«, um die
richtigen Entscheidungen treffen zu können, ist
ein Dilemma.

■ Der Spagat gelingt nur auf Basis von inneren
Haltungen, denen man treu bleibt. Seien Sie
zum Beispiel mutig, aber nicht tollkühn.

■ Neugier fördert Mut. Mut reduziert Angst.
Angst ist einer der größten Verhinderer in der
Wirtschaft.

Der Gehirnforscher sagt:

- Selbstbewusst aufzutreten, kann man lernen, aber wer selbstbewusst auftritt, ist sich nicht zwangsläufig auch bewusst, wer er selbst ist.

- Um sich bewusst zu werden, wer man selbst ist, bedarf es der Fähigkeit zur Selbsterkenntnis. Die kann man aber nicht lernen, sondern nur durch eigene Erfahrungen erlangen.

- Aber selbst dann, wenn jemand sich selbst zu erkennen imstande ist, bleibt diese Erkenntnis graue Theorie, solange es ihm nicht gelingt, sich selbst zu steuern. Das kann man nur lernen, indem man es tut. Und dafür braucht man einen guten Grund.

■ ■ ■ … und wie kann man Selbsterkenntnis und Selbststeuerung in der Bildungspraxis fördern?

Der erste Schritt, um eine Veränderung einzuleiten, ist zu erkennen, dass er notwendig ist. Gut gemeinte Ratschläge von außen, die gerne mit »Du solltest« oder »Du müsstest« beginnen, führen meist zum Gegenteil von Selbsterkenntnis. Vielmehr braucht es gerade bei Jugendlichen einen Prozess, der ihnen hilft, selbst zu erkennen, auf welchem Weg sie sich gerade befinden – und sie selbst entscheiden zu lassen, ob es der richtige ist. Genau dies bietet die Initiative Rebound. Sie will Jugendlichen die Risikokompetenz im Umgang mit Alkohol und anderen Drogen vermitteln. Außerdem geht es um Kernthemen, die Jugendliche in diesem Alter bewegen: Dazugehören, sich selber finden, seine eigenen Grenzen kennenlernen und die Frage, welche Werte wichtig sind.

Die Initiative wendet sich an junge Menschen zwischen 14 und 24 Jahren. »Denn die meisten Präventionsprojekte machen da Schluss, wo viele Jugendliche in eine heiße Phase ihrer Entwicklung kommen«, ist Projektleiter Henrik Jungaberle überzeugt. Er versucht, sowohl Jugendliche anzusprechen, die abstinent bleiben wollen, als auch solche, die experimentieren und ausprobieren. Wirkungsvoll ist bei Rebound dabei der ehrliche Versuch, den Kontakt zu den Jugendlichen zu halten und ihre Ziele zu verstehen. Die Rolle des Erwachsenen, der das jugendliche Experimentieren verurteilt, wird bewusst vermieden. So verhindert die Initiative nach Überzeugung Jungaberles, dass die jungen Menschen sich in Außenseiterrollen zurückziehen. Die Kursleiter bei Rebound arbeiten in erster Linie intensiv mit Kurzfilmen und anderen erfahrungsorientierten Methoden. In diesen Filmen spielen Jugendliche Szenen rund um das Thema Rausch und Risiko. Das Besondere am Projekt sind die Mentoren, bei Rebound Kursassistenten genannt. Es sind junge Menschen ab 18 Jahren, die die Kursleitenden bei der Durchführung unterstützen und eine »Brücke« zwischen Jugendlichen und Leitern bilden. Dazu bringen sie auch eigene Erfahrungen in den Kurs mit ein.

 Wie Rebound auf Selbsterkenntnis und Selbststeuerung einzahlt, erfahren Sie hier.

Ein persönliches Nachwort von Gerald Hüther

Wie sonderbar, wenn sich zwei Personen mit so unterschiedlichen Lebenserfahrungen begegnen und feststellen, dass sie ganz ähnliche Überzeugungen entwickelt haben. Stellt sich abschließend die Frage, ob soziale Systeme und Unternehmen möglicherweise ähnlich wie unser Gehirn organisiert sind.

Denn die erstaunlichen Leistungen unseres Gehirns werden erst dadurch möglich, dass die einzelnen Nervenzellen auf eine bestimmte Weise zusammenwirken und Informationen in Form von Signalen weitergeben – wie die Mitarbeiter einer Firma. Dass man mit einem intensiver vernetzten Gehirn innovativer und kreativer ist, gilt auch für Unternehmen. Das Gehirn sucht permanent nach besseren Lösungen. Was sich bewährt, wird im Gehirn als gebahntes Verschaltungsmuster festgezurrt. In menschlichen Gemeinschaften wird es in Form von Vorschriften, Gesetzen, Ritualen, als gemeinsame Überzeugungen, Weltbilder und Theorien im kollektiven Gedächtnis verankert und an die nachfolgenden Generationen weitergegeben.

Über 30 Jahre war ich als experimenteller Hirnforscher unterwegs, ich habe Gehirne bis in ihre kleinsten Bausteine zerlegt, wissenschaftliche Fachartikel geschrieben, Kongresse besucht und Vorträge gehalten. Irgendwann habe ich verstanden, dass es für einen Wissenschaftler ebenso wichtig ist, alle gewonnenen Einzelbefunde wieder zu einem ganzheitlichen Bild zusammenzufügen.

Genau das habe ich in den letzten Jahren versucht und dabei zwangsläufig immer weiter über den Tellerrand meines Fachgebietes hinausgeschaut. Sonst wäre ich Peter M. Endres wohl nie begegnet. Auch ihm muss es bei seiner Tätigkeit als Topmanager ähnlich gegangen sein. Sonst hätten wir nicht gemeinsam nachdenken können. Danke, Peter.